成长也是一种美好

# 可视化4.0

## 物联网时代日本制造企业如何恢复盈利能力

**見える化4.0** AI×IoTで「稼ぐ力」を取り戻せ!

[日] 木村尚敬 [日] 沼田俊介 著

金京浩 译

人民邮电出版社

北京

**图书在版编目（CIP）数据**

可视化4.0：物联网时代日本制造企业如何恢复盈利能力 /（日）木村尚敬，（日）沼田俊介著；金京浩译. —北京：人民邮电出版社，2019. 10

ISBN 978-7-115-51747-0

Ⅰ. ①可… Ⅱ. ①木… ②沼… ③金… Ⅲ. ①可视化软件—应用—制造工业—工业企业管理—研究—日本 Ⅳ. ①F431. 364-39

中国版本图书馆CIP数据核字（2019）第159138号

---

◆ 著 ［日］木村尚敬
［日］沼田俊介
译 金京浩
责任编辑 王振杰
责任印制 周昇亮

◆人民邮电出版社出版发行 北京市丰台区成寿寺路 11 号
邮编 100164 电子邮件 315@ptpress.com.cn
网址 http://www.ptpress.com.cn
天津翔远印刷有限公司印刷

◆开本：880×1230 1/32
印张：7.5 2019 年 10 月第 1 版
字数：116 千字 2019 年 10 月天津第 1 次印刷

著作权合同登记号 图字：01-2019-3095 号

---

定 价：49.00 元

**读者服务热线：（010） 81055522 印装质量热线：（010） 81055316**

**反盗版热线：（010） 81055315**

**广告经营许可证：京东工商广登字20170147号**

可视化

4.0

推荐序

# 中国制造的一面镜子

周永亮博士　中国制造业上市公司价值创造论坛秘书长

日本专家木村尚敬和沼田俊介的《可视化 4.0》是一本质朴、逻辑清晰的书，体现了典型的日本精益风格。这本书紧紧抓住了可视化这一关键要素，细腻而简洁地勾勒出了现代制造业的进化过程，尤其是制造业现场管理的进化过程。应该说，这是正在全力向先进制造业过渡的中国企业一个非常好的参考路径，为我们在物联网时代打造新型制造业提供了非常具体的思路、方法和切入点。

对于那些力图通过精益管理提升现场效率、通过工业互联网技术实现制造业转型升级的企业，本书更有着特别直接的指导意义。不过，这本书的局限性在于，它将物联网时代的新型制造业更多地归结到了制造过程的提升和进化上，忽视了大数据、云计算、人工智能技术对制造业前端——市场需求的塑造，以及客户体验对制造过程的决定性作用。但是，瑕不掩瑜，在目前关于智能制造、精益管理汗牛充栋的图书里，能够如此简洁明了地勾画出制造业的关键并提出明确而切实可行的解决方案，本书就已经堪称大师之作了。

可视化
4.0
中文版前言

# 日本制造业对中国制造业的启示

日本的制造业在 20 世纪 80 年代后期到达顶峰，经历了“失去的 20 年”（20 世纪最后的 10 年和 21 世纪最初的 10 年）之后，在全球市场上的竞争力逐步萎缩。其原因究竟是什么呢？

日本制造业在长期发展中形成了一些特点。

首先，日本经济长期以加工贸易为主，主要原材料从海外进口，经过日本国内加工之后出口到海外，赚取外汇；其次，在这个过程中，日本具有比欧美各国更低廉的劳动力，企业内部通过“寻求平衡点（Suri-Awase）”[①] 形成的强大的生产能力成了它们的竞争优势，这一点是毋庸置疑的。进入 20

① 指在日本企业里常见的参与讨论的各方拿出各自掌握的信息，寻求最大公约数的沟通和管理方式。——译者注

世纪 90 年代之后，情况发生了巨大变化。随着以中国、韩国为首的亚洲各国制造业的发展，不少国家开始大量供应仅占日本劳动力成本 1/20 的廉价劳动力。在这种情况下，日本的制造实力和生产效率再高，也很难缩小劳动力成本造成的差距。特别是在加工贸易中，以附加价值不高的家电产品为主的通用产品的相关业务，很快转移到了其他国家的企业中。

如今，日本企业面临的课题是重新审视日本企业竞争力的来源（研发能力、生产能力，以及销售、营销能力），选择擅长的领域一决胜负，并积极推进大刀阔斧的改革，进行取舍。

那么，近 20 年来日本制造业的发展轨迹，能否给中国制造业未来 20 年的发展带来一些启示呢？以相对低廉的劳动力为基础进行大量组装业务的模式的生存空间恐怕越来越小。拥有世界第二大市场无疑是中国企业的优势，但与此同时，中国企业如果不制造具有高附加价值的产品，强化制造实力，让自己能够在世界市场中竞争，很可能会像当年的日本制造业那样，不断有企业被淘汰。

全球化、高附加价值化这两点是日本企业在过去 20 年里直面的课题，笔者认为，很多中国制造型企业同样会面临类似的课题，而伴随着人工智能和物联网技术的发展，这些课题变得比以往更复杂。本书尽管以日本企业为研究对象，但也包含了不少对中国企业同样具有参考价值的改革启示和精华经验。如果各位中国读者能结合全球化、高附加价值化这两个不可回避的企业发展课题，从本书中获得一些启发，将是笔者莫大的荣幸。

木村尚敬

2019 年 6 月

可视化
4.0
日文版前言

# 物联网时代的新型制造业

## 日本制造业是否真的恢复了活力

我们于 2013 年出版了《恢复盈利能力》(日本经济新闻出版社)一书，目的是提供某种“良方”，帮助那些曾经历“失去的 20 年”、目前仍然处于低迷状态的日本制造企业恢复往日的活力。该书得到了很多日本跨国制造企业的积极响应，其中一些企业参考该书进行了大胆的结构改革，斩断了带来长期亏损的“锁链”。

之后的几年，在日本企业治理改革等的推动下，日本的制造业逐渐恢复了活力，并且为了新一轮的发展进行了转型升级。面对即将到来的物联网(Internet of Things，IoT)时代，企业到底应该做哪些准备工作？应该改变什么？由于物联网关系到企业未来的生存方式、发展战略，因此，它得到越来越多日本企业的关注，而如何应对自动驾驶、共享经济等新趋势带来的困扰，也是日本企业迫切需要解决的问题。

然而，很多日系企业迟迟未能实施结构改革。如果继续像以往那样消极对待改革，浪费时间，那么在“工业 4.0”的旗帜下成功恢复活力的德国企业，极有可能再一次把日本企业甩在后面。

## 人工智能、物联网为日本制造业创造的是顺境吗

2013 年以后，需要特别留意的变化是以物联网为代表的制造业和互联网的融合。

基于活用大数据的做法，人工智能以往大多停留在互联网领域，而最近几年，随着人工智能技术的急速发展，其应用范围从虚拟空间扩展到现实世界。极具象征意义的是，自动驾驶技术、机器人工厂、自律型智能机器人朝着商用化的方向迈出了一大步，这得益于以深度学习为基础的图像识别技术、声音识别技术大幅提高了人工智能技术的精确度。

这对日本企业来说是顺境还是逆境呢？笔者认为，二者

皆有可能。

说顺境是因为随着这些技术的重点从虚拟空间转向现实世界，在机械动力、控制等方面具有优势的日本企业将发现更多可以发挥其优势的机会。比如，工厂的自动化流程通常是在传感器进行识别后，将数据上传到云端，由人工智能进行判断，但最终还需要物理操作，像搬运物品这样的操作是必不可少的，日本企业在这方面有胜算。

说逆境是因为开放数据、标准化的趋势给日本企业带来了新的课题。近 20 年来，以开放式创新、微笑曲线等术语为代表的制造业扁平化分工得到了长足的发展，而长期以来习惯于垂直统合型“寻求平衡点”管理模式的日本企业可以说遭遇了逆流。此外，为了实现行业整体的标准化，物联网领域的诸多平台运营商正对各家企业的数据虎视眈眈。

对于多数企业来说，公司自有的数据如同宝藏，它们一般不愿意向其他企业公开自有数据。然而，在每个企业拥有的数据中，真正具有竞争力的其实并不多。这方面至关重要的是，在与其他企业存在竞争关系的领域活用本公司特有的数据，尽快开发新的算法或新的服务，同时，在可以向与其他企业协同发展的领域积极开放数据，由全行业共同搭建平台，加速解决行业共同面临的问题。如果自己搭建平台有困难的话，与平台运营商合作也不失为一种明智的选择。

需要特别留意的是，日本企业不能认为这个重要，那个也重要，而使自己依然置身于封闭的世界，否则日本企业将再一次陷入加拉帕戈斯化[①]，在速度和规模的竞争中处于劣势，从而使前途愈加黑暗。

因此，哪些数据可以公开，哪些数据应予以保护，如何合理安排数据，这些问题应该从行业层面整体探讨，而不应局限于一个公司，这一点至关重要，本书将反复强调。

## 先着手搭建应对环境变化的基石

笔者观察了很多日本制造型企业，一方面，近 5 年来，在未盈利部门（业务、网点、产品线）的管理上，多数企业已经采取了各种措施。因此，近来有很多企业开始考虑在众多核心业务方面活用物联网，描绘企业自身的成长战略，这可以说是当今日本企业的大势所趋。

---

① 加拉帕戈斯化是日本的商业用语，指“孤岛化”。——译者注

另一方面，纵观全球业务，日本在华企业的竞争优势有所削弱。快速扩大的中国市场具有“世界的市场”和“世界的工厂”两种身份。随着中国经济的发展，人工成本不断攀升，加上中国人才的流动性超过日本，在华日本企业面临着生产效率迟迟得不到改善等问题。因此，从全球角度看，在华日本企业的竞争优势逐渐降低。

虽然很多在华日本企业未能进行大胆的结构改革，但是部分企业已经迫不及待地开始了具体的行动。

近 5 年来，日本企业另一个比较显著的变化就是普遍的全球化。随着日本制造型企业在世界各国的生产和销售规模越来越大，提高风险控制能力被各大企业提上了议事日程。海外生产的风险包括汇率风险、政局风险、地缘政治风险等，海外生产的关键在于，一旦发生问题，它们能否及时应对。要做到快速响应，物流、资金流的“可视化”是大前提，然而，真正能将这些基础工作做到“可视化”的日本企业的数量，比我们想象的还要少。

总而言之，无论是物联网的活用，还是商业模式的进化，其根基都在于制造，否则一切都是空中楼阁。本书将制造业的根基归纳为“可视化 1.0”“可视化 2.0”“可视化 3.0”，主张在构筑好前三个坚实的基础之后，打造符合物联网时代新型制造业所需的“可视化 4.0”。

希望本书能为那些着手进行彻底的结构改革、朝着新一轮飞跃“踩一脚油门”的日本制造企业带来帮助。

木村尚敬　沼田俊介

2018 年 10 月

可视化 4.0

# 目　录

## 序　章　“工业 4.0”就是“可视化 4.0”

## 第一章　可视化 1.0　成本可视化
## ——掌握盈利的结构



## 第二章　可视化 2.0　流程可视化
## ——重新审视价值链的上游部分

可视化
4.0

# 序章

# “工业4.0”就是“可视化4.0”

## 日本制造业的巨大变化

发达国家的制造业在发展路径上的“打法”不尽相同。长久以来，日本企业的优势在于以一线团队实力为基础的精细化操作和持续不断地寻求平衡点。然而，制造业的环境越来越复杂，日本企业过去的优势逐渐显露出各种弊端。

其原因有很多。第一个原因是产品生命周期缩短，这是决定性因素。如图 0-1 所示，我们来了解一个产品从上市到被下一代产品替代的平均寿命。汽车制造业中平均寿命为“1 年以下”的产品比例从 10 年前的 3% 上升到了 7%；平均寿命为“1 ～ 3 年”的产品比例从 15% 上升到了 28%。这个趋势在电气机械制造业更加明显，比如，平均寿命在 3 年以下的产品比例从 10 年前的 45% 上升到了 72%。

也就是说，在电气机械制造业中，大约有 3/4 的产品会在 3 年内被迭代。产品寿命如此短暂，导致企业通过销售产品盈利的时间也相应缩短，因此，企业经常无法收回研发投资。日本企业比较擅长花时间钻研，造出令人满意的产品，而现在这种做法逐渐显露出不合时宜的一面。

图 0-1 是 2013 年的数据，那时人工智能及物联网还未获得太多重视，现在，产品的平均寿命恐怕比当时更短了。

**制造业的环境变化：产品平均寿命缩短**

**与 10 年前相比，各行业产品平均寿命不断缩短**

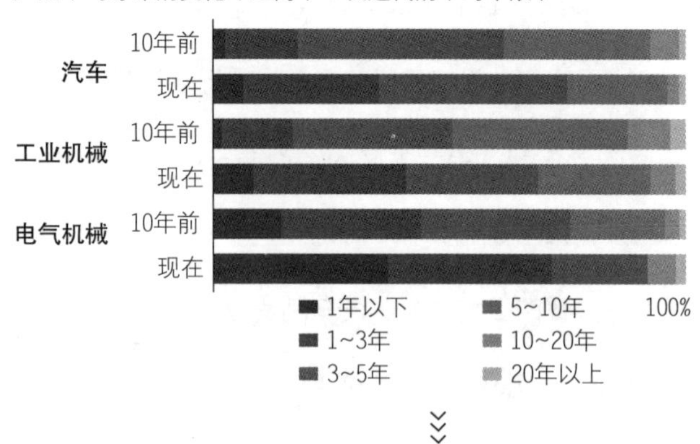


**日本企业没有时间像以往那样寻求平衡点**

图 0-1　各行业产品的平均寿命

资料来源：日本经济产业省“2013 年度制造业白皮书”。

第二个原因是日本企业擅长的“寻求平衡点”面临高度复杂化的环境。以往的日本企业通过一线团队全员持续参与的 QCD① 改善活动，大幅改善了产品性能，从而实现了零部件的品类增加或小型化等目标。伴随着被称为“机械·电气”的硬件和软件的融合发展，参与的人越来越多，想坚持以往被称为日本企业优势之一的“寻求平衡点”越来越难。这个结果有点尴尬，但这无疑是自下而上的管理模式最终的归宿。

因此，不仅要坚持以往那种持续的进化，还要重新考虑日本企业的“打法”，换句话说，日本企业已经到了需要重新审视商业模式本身的时候了。

## 重新定义“创”“作”“造”

### 只依靠“造”的工序无法实现差异化

在这种时代背景下，日本的制造业将何去何从？

如图 0-2 所示，制造业创造附加价值的流程大致可以分

① 所谓 QCD，全称为 Quality，Cost，Delievery，从狭义上讲，是对质量、成本、交货期进行控制；从广义上讲，是对整个公司管理的持续改善。——编者注

为“创”（产品策划，Develop）“作”（研发、设计，Design）“造”（生产，Manufacture）三步。

**工业 4.0 的本质含义**

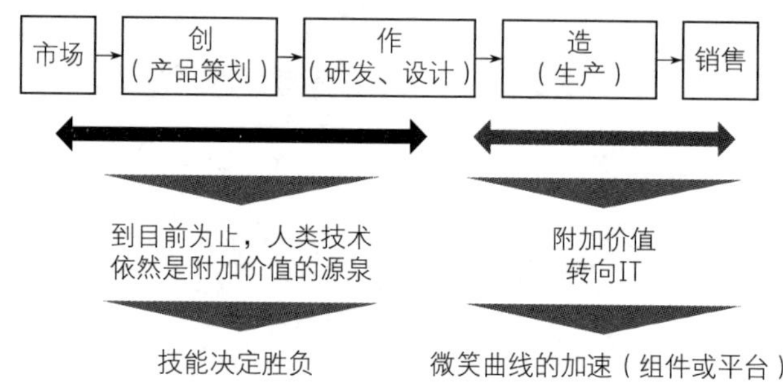


图 0-2　制造业创造附加价值的流程

其中，最先受到数字化影响的是“造”的工序。在日本，经过多年摸索和发展，某些行业的工厂很多工序都实现了无人化、自动化，但某些工序仍然离不开专业人员的匠人手艺。

通过物联网获取各种数据之后，那些专业操作也能在一定程度上实现“可视化”。从当前来看，其目的是提高各个工序的生产效率，但物联网的影响不只如此。物联网通过连接各个工厂，能打破公司之间无形的壁垒，在生产一线推进整体的标准化。

其结果是，“造”某种产品的工序将以几乎相同的做法在各工厂内进行。而要想通过软件控制工厂，达到在哪里制造都一样的效果，则需要在物理上统一工厂内的配置。

总之，随着标准化在以往持续努力降低成本的生产一线得到进一步推进，人们会意识到，单靠“造”的工序是很难实现差异化的。可以想见的方法是，彻底活用物联网技术，使匠人的技术得以自动化，或者通过大数据分析使成品率达到极限值。

## “创”和“作”的工序体现人类的优势

在最上游的“创”这道工序中，人类的创造性依然占据明显的优势。因为通过大数据分析和营销得到的数据仅仅是决策的辅助信息，最终选择基于哪些数据进行产品策划还取决于人。

有专家认为，目前的人工智能已经能够通过解析过去 10 年的汽车销售数据（车型、价格、消费者属性等），以 80% 左右的精确度推出畅销车型的设计方案，但这只是基于过去数据的最优化组合。

也就是说，这只是基于过往经验的“预测”，人工智能还无法突发奇想，提出类似单人用交通工具（Personal Mobility）这种设计方案（这个设计能否被叫作“车”，目前尚无定论）。

在市场上收集“沉默的大多数”的意见，或者以本公司现有的技术为基础，推出全新的产品或服务，还是人类擅长的领域。在这方面，机器暂时还无法代替人类，因此，在“创”方面发挥独创性，则可以占尽先机，其实这些都是不言自明的。

问题是中间的“作”的工序，而这也在很大程度上仰仗人类的能力。这个阶段是将“创”这一阶段的“模拟信号”传递到“造”的阶段，这就需要之后的数字工序的转换能力。这个过程需要决定很多事情，比如，本公司的核心技术是什么？今后是否会被普及？它们是否依然是公司竞争力的源泉？是否会被开放式创新、标准化的浪潮吞噬？它们与供应商之间的力量关系如何？如何区分在公司内部寻求平衡点的部分和从外部采购后与本公司业务进行组合的部分？

总之，在“创”和“作”两个上游工序，人类的能力远远超过机器。因此，如何提高这两个阶段的完美度，决定了最终的竞争力。而在机械化、自动化程度比较高的“造”的工序，还会继续受到标准化浪潮的影响。为了维持成本优势，各企业有必要不断改进“造”的工序，使其达到行业平均水平，这仅仅能够做到“不输给别人”，而“赢”的战略还是取决于“创”“作”等上游工序的合理决策，这一点请各位读者务必铭记在心。

## 通过物联网实现生产一线的“可视化”迫在眉睫

我们从另一个角度考察前述话题。

在《制造业的反击》（筑摩书房，2016 年）一书中，东京大学的藤本隆宏教授等详述了工业 4.0 和物联网、日本一线团队的相关内容。结合该书的观点，笔者想阐述一下物联网和一线团队的关系。

一线团队从事的工作包括切割、弯曲成型、粘贴等各种工序，把完成这些工序的部门综合到一起就构成了一个大工厂，物联网首先会将这些单个流程“可视化”。以往只能依靠匠人的经验和技术完成的部分，现在可以通过对获取到的相关数据进行分析，使其达到标准，彻底减少衔接各个工序的生产线时产生的浪费，提高工厂的生产效率。这是物联网应用于制造业的第一阶段。

下一个阶段是连接工厂。物联网可以将国内外的工厂联系起来，能进行标准化的先进行标准化，从而减少成本。这就是第二阶段，也是“造”的流程的可视化。

如果将以上工作比喻为建筑的“地上层”，那么，平台运营商就试图在此之上联结各厂家，实现行业整体的标准化。西门子和通用电气谋求的就是这个层面的标准化，这个层面是介于“地上层”和“云”之间的“空中层”。简单来说，德国举国推进的“工业 4.0”就是在搭建这样的“空中层”。

在此基础上，大型 IT 平台运营商在全世界范围内获取数据，比如谷歌、亚马逊、微软拥有巨大的数据中心，它们提供以云计算为基础的人工智能服务，承担各种分析功能。

## “标准化”和“暗箱化”的角力

受到“工业 4.0”的影响，西门子、通用电气这类“空中层”企业备受瞩目，它们的做法其实就是自上而下的改进，它们将行业贯穿起来，试图成为“庄家”。

而日本企业以往擅长的是以一线团队为基础的精细化操作。日本典型的工厂自动化指的是，分析工厂内的每一个流程，单纯作业全部由机器完成，工人则从事附加价值更高的工作，或者让一人负责多个生产线，提高生产效率。

就这个意义而言，在物联网流行之前，日本厂家就自下而上地不断改进，但是，日本企业还是比较欠缺自上而下将整体贯穿起来的平台思维，这也是日本企业中平台运营商比较少的原因之一。

在“空中层”的平台运营商最终要将各个厂商、各个工厂的数据集中起来进行标准化，从而使生产某些特定产品的工序可以在世界任何一个地方用同样的做法来实施，然而，要实现这个目标还有很长的路要走。

对于为弯曲成型工序提供附加价值的公司来说，将它们的数据提供给平台进行标准化事关公司的生存问题，在这种情况下，将弯曲成型工序尽量暗箱化处理，留存在公司内部，这是多数日本企业采取的基本战略，也是标准化难以推进的一个原因。

然而在另一方面，切割工序几乎不具有任何附加价值，因此不如将这个工序的相关数据积极地上传到平台上，尽量压缩运营成本。企业的这种判断是比较合理的，也就是说，根据每个公司的情况，保留哪些数据，公开哪些数据，是需要探讨的，只有能很好地进行取舍的公司才能继续生存下去。

即便是在“工业 4.0”的“娘家”德国，围绕数据应公开到什么程度的争论也很激烈。德国的制造业由一部分超大规模的企业和无数中小企业构成，中小企业的生命线往往在于弯曲成型、切割、粘贴等技术，因此它们对公开本公司的数据心存疑虑是合情合理的。

标准化难以推进的第二个原因是，对不少企业来说，将工厂的数据一个个放到云空间，再将分析结果反馈给一线团队，这种标准化的效率不如在生产一线认真实施 PDCA①。

与集中到云空间处理相比，如果在生产一线直接处理效率更高的话，那么就没有必要特意将数据集中到平台。而在日本企业中，往往一线团队的处理能力更强，因此很多企业没有意识到平台的意义。但要意识到，任何事情都在公司内部处理的时代将一去不复返。

## 将来的工厂会越来越相似

当工厂通过物联网联结起来，跨越彼此之间的隔阂，在生产一线实现整体的标准化之后，某种特定产品的制造工序将逐渐趋同，世界各地的工厂可能都将采用近似的配置和布局。

就像在日本，便利店和家庭餐馆都有着相似的格局，而在未来，类似的情形也可能在工厂中发生。

假如 10 年后世界真的变成这个样子，企业将如何竞争

---

① 计划（Plan）、执行（Do）、检查（Check）、处理（Action）的首字母组合。——译者注

呢？如果在“造”的环节拥有其他公司无法比拟的技术，企业可以将其暗箱化，依靠独特技术取胜。

然而，在开放式创新和标准化盛行的时代，如果所有事情都依靠本企业来推进，那么这在成本竞争力和开发速度等方面都是不明智的选择。因此，哪些信息应该保密，哪些可以公开，这种关于内化和外包的判断就显得极为重要。

如果在“造”的阶段没有可产生附加价值的技术，那么就可以专注于本公司最上游“创”和“作”的阶段，基于模块化的体系，将“造”的工序彻底公开。在这方面最经典的案例就是苹果公司，该公司通过最大限度地利用 EMS①，成为 Fabless② 企业。

而通过接受订单生产大型设备的企业则依然需要在很多方面进行寻求平衡点的工作。这种情况下，在封闭的世界里继续竞争可能是它们的最佳选择。

---

① Electronic Manufacturing Services 的缩写，即电子制造服务，也叫专业电子代工服务，指为电子产品品牌拥有者提供制造、采购、部分设计以及物流等一系列服务的生产厂商。——编者注

② fab（工厂）和 less（无、没有）的组合，是指一种“没有制造业务、只专注于设计”的运作模式。——编者注

总之，对于大部分企业来说，必须在提供附加价值、寻求平衡点和追求彻底低成本化的内外组合之间做出抉择，来决定如何平衡这两方面。这将成为十年后公司能否存续的试金石。

## 与其考虑“生产什么”，不如考虑“如何获得盈利”

“工业 4.0”给日本企业带来的影响并不局限于一线团队的改善活动。将价值链在产品的生命周期内进行整体扩展，能够看到除了制造工序还有很多其他盈利点。

在“创”→“作”→“造”→销售→售后（运营、维护）等一系列流程当中，最容易差异化，也最容易盈利的是最上游的“创”和最下游的售后。越是接近“造”，越容易受到标准化和通用化的影响（一般叫作“微笑曲线现象”）。

对于将产品销售作为主要业务的生产厂家来说，维修检测等环节一直都停留在附带服务的范畴。因此，负责维修的一线服务部门经常被定位为“成本中心”，企业从来没有想过这一环节有什么盈利点。通过物联网，企业在产品上添加传感器，获得各种数据之后，售后服务有可能成为盈利点。

以往，压低像复印机、打印机这样的产品本身的价格，通过销售耗材获利的商业模式就已存在，如今，由于数据本身具有价值，企业不仅可以通过买卖收集到的数据实现盈利，还可以通过增加附加价值，提供新的服务，使盈利点在下游产生。

产品销售到用户那里并不是生产厂家的终点，如果厂家每月能通过提供更换零部件等维修服务收取固定费用的话，其长期稳定的收益就可以确保了。必要时，企业也可以考虑免费提供产品，通过产品获取数据，以此来开展另一种生意，这种商业模式也是可行的。

## 从一次性买卖模式到共享模式

所谓“服务模式化”，并不是说提供售后服务就可以，而是以服务为主轴，与用户建立长期的合作关系，并从根本上审视现有的商业模式。这个动向与 B to C 的环境里正在发生的从一次性买卖模式转变为共享模式的状况如出一辙。

今后，人们不用再像以往那样购买商品，而可以将其作为服务加以利用。最先受到数字化影响的是音像产品，先是CD、DVD 衰退了，然后是下载服务兴起（物品逐渐退出），之后发展到流量服务（买东西放在身边这个行为本身也在逐渐淡出市场）。服务费用的支付也从购买套餐变更为每月付款的订阅模式，这种模式逐渐成为主流。

报纸、杂志、图书也没能逃过数字化浪潮的影响。数字版的内容产品在火热销售中，而纸质的报纸、杂志、图书的销售陷入了长期停滞状态。

服装、鞋帽等服饰类商品也在变成可以借用的商品。衣服穿几次就有人放到 Mercari 网站①进行交易，然后通过网站订购新的衣服。于是，人们不需要花太高的成本就能买到最近流行的服装，然后拍照上传到 Instagram②，这看起来很完美。

最近笔者还发现一种新的服务模式，就是平台提供每个月寄送西服或者衬衫的服务。用户收到衣服以后，可以将前

① 日本二手用品竞拍网站。——译者注

② 一款运行在移动端上的社交应用。——编者注

一个月穿的衣服寄回去，到了下一个月，再把这个月穿过的衣服换成新的衣服，这样能节省购买时间，还免去了选择的烦恼。

开始就确定不购买，只是一时的借用，这种商业模式今后还会继续扩大。比如，如果用智能手机 App 可以随时随地叫到出租车的话，那么，你就不需要开车了，更不需要拥有自己的车了（共享出行的商业模式出现）；如果街上到处都停放着自行车，人们能够用智能手机借还，那么，肯定会有很多人愿意使用，因为不是自己的自行车，也就不需要自己处理补车胎等状况（共享单车出现）。

以往的一次性买卖模式逐渐向每月支付定额，或者用多少付多少钱的模式转变，而如果一个公司能通过物联网从本公司的用户那里获得各种数据的话，这种共享模式也会在 B to B 的环境里逐步普及。通过实时掌握工程机械的运行情况，与信用管理或者降低维护成本挂钩的小松公司设备运行管理系统 KOMTRAX 就是成功案例之一。

## 聚焦于本公司的优势

### 无法将理念贯彻到一线的企业高管

与日本多个企业高管交流以后，笔者发现大家都意识到了很多问题的存在。然而当笔者问到公司的理念能否被贯彻到一线的时候，很多人显得没有底气。很少有人知道在掌握了整体动向的基础上，本工厂或者本部门应该怎么做，这就是现状。

这是因为，他们对自己公司十年以后的状况没有明确的概念。这并不是要求他们以现在为起点预测十年以后的状况，而是基于十年后公司最理想的状况，倒推当前应该做的事情。要先有理念，然后为了实现公司的理念逐步进行必要的改革。阐述公司的理念是经营管理层的工作，经营管理层描绘的未来应该与公司内所有人员共享，并推动成员努力去实现。习惯于自下而上管理的日本公司不太擅长这种做法。

然而，即便企业高管不擅长将公司理念贯彻到一线，他们也不能袖手旁观，否则企业会被时代淘汰。例如，在生产一线围绕“造”的流程进行再多改善，也有可能在标准化的浪潮中全部归为无效。致力于局部改善的行为不一定能提高盈利能力。

## 导入企业资源计划系统时发生的事

21 世纪初，在思爱普（SAP）、甲骨文等企业的主导下，各家企业竞相导入企业资源计划系统（ERP）时出现过类似理念不清晰的情形。导入企业资源计划系统时需要回答的本质性问题是非竞争领域在哪里，并且应该严格审视本企业的优势，把竞争力不强的部分挑出来导入标准的企业资源计划系统套餐，进行彻底的成本控制。

然而，在重工业行业中，希望严格管理成本的企业并没有导入企业资源计划系统，另外需要应对小批量生产的企业也没有在制订生产计划时使用企业资源计划系统，因为它们都认为自己有独特的地方。

在物联网或者“工业 4.0”的标准化趋势当中，同样需要冷静地审视本企业的技术，如果认定某项技术是自己企业独有的，那么无论西门子或通用电气说什么，都要彻底地将独有的技术暗箱化，坚决加以保护。

如果企业认为其他企业可以将本企业目前从事的部分业务做得更好的话，应该果断地公开数据，并搭上西门子和通用电气主导的平台，争取实现成本控制的目标，时代需要企业具有这种有舍有得的态度。

## “工业 4.0”其实是制造业整体的可视化

总而言之，“工业 4.0”不限于一道工序、一个工厂或者一个企业，它能打破企业集团体系或者产业链上下游的壁垒，将一切串联起来，实现“制造业整体的可视化”。

计算机、互联网的发展带来信息革命，铁路、汽车、飞机、集装箱的发展带来物流革命，这种划时代的技术很多，但从制造的角度而言，对应“工业 1.0”的是以蒸汽机的出现和机械设备的导入为代表的第一次工业革命；而“工业 2.0”时电的登场与生产线制造方式的出现相对应；“工业 3.0”则与通过工业机器人和 IT 实现自动化、高效率的时代相对应（见图 0-3）。

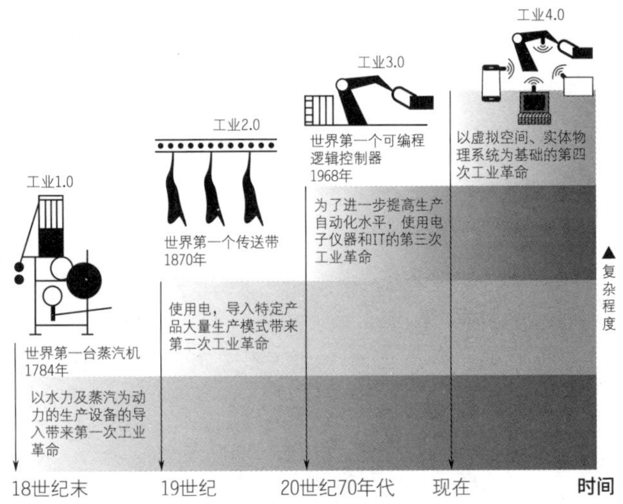


图 0-3　工业 4.0

资料来源：产学官合作杂志。

“工业 4.0”就是通过物联网将所有东西相连时制造业的新形态，本书将这种形态定义为“可视化 4.0”。

## 可视化的几个发展阶段

既然有可视化 4.0，那么在这之前一定经过了可视化 1.0、可视化 2.0、可视化 3.0 的阶段。可视化 1.0 到可视化 3.0 可以说是物联网时代制造型企业为了实现飞跃而巩固基础的过程。

**可视化 1.0 其实是成本可视化。**随着产品数量或者零部件品类的增多以及企业全球布局的推进，生产厂家、销售网点遍布世界各地。于是，企业与集团公司之间、与合作伙伴之间的沟通越来越复杂，企业连“哪个工厂、哪个客户、哪个产品目前是否在盈利”这种最重要的信息也时常搞不清楚。

细分业务、客户、产品后，能够瞬间了解成本是多少、毛利是多少，只有这样才能为正确决策提供依据。资金流动的可视化其实就是可视化 1.0 的目的。

**可视化 2.0 是流程可视化。**将用户的需求充分体现在产品策划中，将整体制造过程可视化，减少重复劳动或浪费。

尽管原则上应该以用户为中心，在产品策划时应多考虑用户的需求，但如果任由各部门阐述各自的意见，就无法统一思想。比如，营业部门主张尽量满足用户的要求，开发部门希望产品能多几个功能，制造部门希望得到容易操作的设计方案……因此，有必要使用同一个工具，按照“用户需求→产品规格→产品构成”的顺序逐一展开，并使用各部门易于理解的通用语言，将整体流程可视化。

特别是在“创”→“作”→“造”中的上游部分，如果从产品策划到概念设计、基本设计、试生产等一系列流程不能一气呵成的话，就会陷入策划是策划、设计是设计这种传水桶[①]的状态。其结果往往无法充分反映后续工序的需求，从而使生产流程出现瑕疵，导致浪费。即便是在同一个开发阶段，机械部门和软件部门之间“寻求平衡点”也非常困难，这会使开发部门疲于应对。可视化 2.0 的目的是让这些流程更加顺畅。

**可视化 3.0 是盈利点可视化**。在微笑曲线当中，“造”的阶段越来越难以盈利，因此可视化 2.0 强调通过强化上游“创”和“作”的工序来提高竞争力，可视化 3.0 则认为不能局限于销售商品，而应该把销售“服务模式化”，从根本上改

① 部门间缺乏沟通，只关注本部门的工作，不重视与其他部门的协作。——编者注

变收益的结构。

为此，企业需要转变思路，即不再局限于用销售额减去成本获取利润的利润表思维，而应转向与用户建立长期合作关系，用产品的长期价值减去获客成本，或通过降低解约率获取利润的资产负债表思维。

而最后的**可视化 4.0 是实时动态可视化**。用物联网实时获取各种数据之后，企业能在价值链的各种场景中开展很多以往无法实现的业务。比如，通过分析获取的数据，企业可以加强上游工序，也可以开始新的服务，也可以不局限于一个厂家的角色，摇身一变成为平台运营商。在这方面，各企业可以根据自身的定位和想法各显神通。

下面，我们将从可视化 1.0 开始阐述。

第一章　可视化1.0

# 成本可视化

## ——掌握盈利的结构

## 企业的“成本可视化”出了什么问题

### 日本厂家变成了“古旧的温泉旅馆”

可视化的第一步是成本可视化。“盈利还是亏损，用数字就可以判断”，这种想法是片面的，只看统计数字其实无法了解实际情况。为了应对结算，从财务会计的角度制作各个网点（按照国家或地区分类，或者按照销售网点或工厂分类等）的财务报表是理所应当的。但是站在业务角度，以管理会计的角度，特别是以全球视角一以贯之地将盈利情况做到可视化的公司，比我想象的要少。

原以为会盈利的主力商品竟然在看不见的地方产生亏损，这种情况经常发生，因此必须了解某个产品或者服务在短期内是否盈利，从长远看是否有潜力，否则无从下手。

由于销售额的数据涉及向其他公司收款，因此大多数公司都了解实际情况。而提高盈利能力的第一步应该是实现“成本可视化”。

第二次世界大战（以下简称“二战”）后，经过长时间的不懈努力成长起来的日本厂家，与日本地方大型温泉旅馆有不少相似之处。这些温泉旅馆除了本馆还有新馆，一般隔着马路还有别馆，此外可能还拥有沿河的露天温泉，这些温泉像迷宫一样通过细长的道路相连，客人在里边时常迷路。

日本企业在发展过程中，一般先在本馆（类似本社兼工厂）创业，陆续在日本国内建立多个工厂之后，会在北美成立销售公司配合出口，而在生产方面，为了利用相对低廉的劳动力，很多企业在亚洲四处布局。当企业意识到的时候，企业的结构已变得相当复杂，宛如迷宫。正如地方温泉旅馆那样不断扩建、改建后客人时常迷路一样，谁都无法清晰地说明物料的流动、资金的流向等企业的总体情况，这是很多日本企业共同面临的问题。

在只有本馆的美好年代，工厂里总有一位凶巴巴的厂长，他能够掌握整个业务流程，而今很少有人能凭借自己一人的经验和直觉掌握一切。但做生意就应该清楚“生产多少，销售多少才能盈利”，这是理所当然的。

实际上，就集团整体的业务情况而言，通过财务会计部门提供的数据，能了解到本期的制造成本、销售额。然而，从上述管理会计的角度细细分析这些数据的话，实际成本到底有多少并不清晰。

例如，将中国或泰国工厂生产的零部件运到日本组装，再将产品销售到美国，由于涉及跨国协作，很多环节的数据没有做到联动。这样一来，企业无从知道实际成本，也就无法知道盈利情况，事实上，能真正掌握上述情况下发生的成本与获得的盈利的企业并不多。

此外，分析具体盈利情况时，选择的切入点不同，其结果也有所不同。比如，可按照产品、品类或者按照地区、用户分析，也可按照每一次的交易，或者按照研发投资到回收投资的产品生命周期为单位看收益。

业务特性不同，最佳切入点一定是不同的，如果切入点不合适，就无法了解真正的成本。

## 目的不明确，费用分摊与实际情况相去甚远

不了解成本的原因有两个。

一个原因是不理解为什么要做到成本可视化，即成本管理的目的不明确。如果目的明确了，就能判断应使用哪种手段或工具。目的可以从行业结构、业务特性、产品特性等角度引导。在目的不明确的情况下，漫不经心地分析“产品”“品类”“地区”“用户”等数据无法揭示问题的本质。

另一个原因是多数企业在计算成本时，过多地使用费用分摊。成本由材料费、加工费、制造费等组成，一部分费用项本来应该根据实际数据来计算成本，但实际往往通过费用分摊来计算成本。

费用分摊意味着根据某个标准，将成本摊到多个产品上予以计算。在这个过程中，产品或工序的现实情况会被无视，因此势必会与实际情况存在差异。

如果这样做能达到成本管理的目的也无可厚非，问题是企业在多数情况下无法掌握更详细的情况，因此常会采用某

个人提出的某种比例来进行费用分摊，一旦确定了费用分摊率，那么每次都会用类似的比例来计算，从而无法弄清真正的成本。

我们再谈谈费用分摊的本质。费用分摊就是将公摊成本摊到个别的管理单位中（例如产品或用户等），但实际隐含着每一个管理部门领导之间围绕成本进行博弈的风险，也就是说，费用分摊的本质是公司内部利益分配的调整。

介绍一个日本企业真实的案例。该企业定了一个规矩：以提交年度预算时销售计划的比例，分摊总部管理部门的公摊成本。一部分部门领导为了少承担成本，特意在 3 月底的预算会议上保守估计下一年度的销售额，使本部门分摊的费用金额相对较低，导致 4 月新财年开始后销售额大幅上升，利润预估不得不进行相应的调整。

可见，费用分摊反映了经营的思想，在制定规则的时候需要充分考虑一个规则会产生哪些影响，以及在这个规则范围内，有关部门的负责人会采取哪些行动。

# 成本的发生时点和决策时机存在时间差

## 先从成本可视化着手

正如图 1-1 所示，“成本可视化”是提高盈利能力的第一步。只有真正了解了成本，才能从经营管理的角度实施 PDCA 循环，在产品生命周期中实现成本管理；只有真正了解了成本，健全削减成本的机制，才能更加高效地采取削减成本的对策。

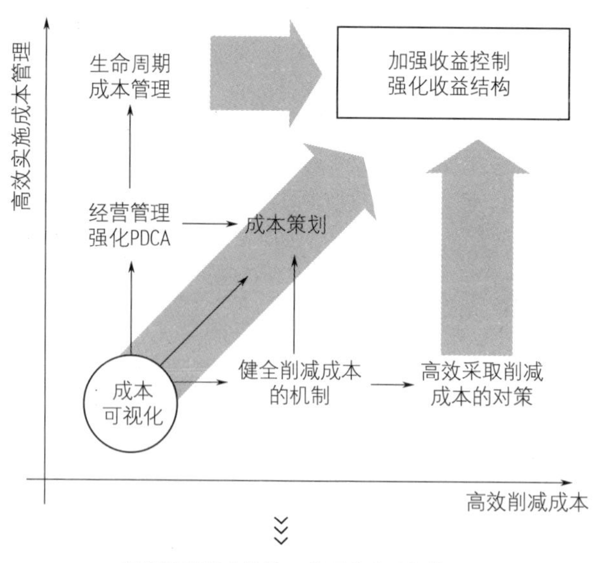


图 1-1　加强收益控制一览图

图 1-1 中间是“成本策划”，我们要知道，“产品策划”“研发、设计”等价值链上游的环节左右着成本。与大部分人的直觉相反，80% 的成本是在进入生产流程之前确定的。

实际的产品成本如图 1-2 中的虚线所示，成本往往在进入量产之后急剧增加，因为这个阶段的原材料费用或者销售费用明显增加。然而，成本确定的时间在前面的“产品策划”“研发、设计”阶段（图中的实线），这是因为组装用的原材料和零部件被确定时，大部分成本就已确定。

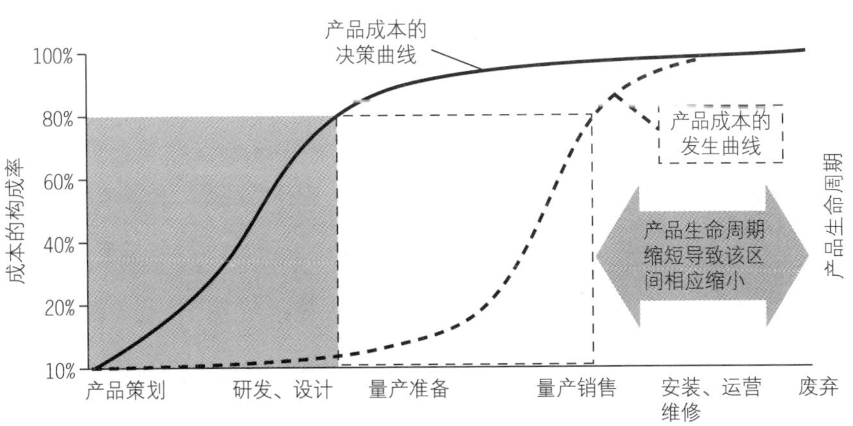


图 1-2　产品成本的发生时点和决策时机

如图 1-2 所示，80% 的成本在流程上游确定，这意味着量产后通过改善生产流程降低成本的余地只占 20%。以丰田的生产方式为代表，这些生产方式针对的其实是 20% 的成本，日本企业一线团队在改善生产流程方面的实力非常强大，然而，丰田公司强大的秘诀却在于对流程上游的正确处理上，这是决定商品性能和成本竞争力的重要阶段。

## 寻求平衡点的重要性

企业的初创阶段相当于温泉旅馆的本馆具备所有功能的时候，设计、开发部门与生产部门频繁地面对面交流，在此基础上开展生产，这样比较容易开展团结一心、降低成本的活动。这就是日本企业擅长的寻求平衡点。

然而，正如温泉旅馆不断扩建，随着企业不断壮大，物理性的功能分化不断增加，开发部门和生产部门“促膝长谈”的时间也相应减少，容易导致传水桶现象。在丰田还在总部工厂生产乘用车的年代，隔着 248 号国道，技术部和总部工厂往来密切，这恐怕也是为了避免传水桶现象的发生。

回到“成本策划”这条主线吧。上游的产品策划、研发、设计阶段往往会围绕目标市场或产品的竞争力、功能、规格等展开讨论，这相当于战斗之前的准备工作。在这个基础上，考虑各种成本因素，力求控制成本的工作就是成本策划。换句话说，这其实是在探讨盈利方法，而支撑成本策划的就是前面所说的成本可视化。

## 以工时为基础计算成本

### 材料费可视化的误区

如果不进行成本可视化，就无法进行比较完善的成本策划。那么，以什么为单位推进可视化呢？作为最基本的信息，最好针对每个单品进行实际成本可视化。原则上，应该按照产品来管理成本和盈利。有了这些积累才能控制产品群和各个业务模块的收益。

在产品成本中占大半比重的是材料费和人工相关加工费。

正如图 1-3 所示，材料费比较容易统计。因为哪个产品用了多少零部件都有记录，各工序不同品种、不同批次的损耗率也能够通过实际数据比较简单地掌握。

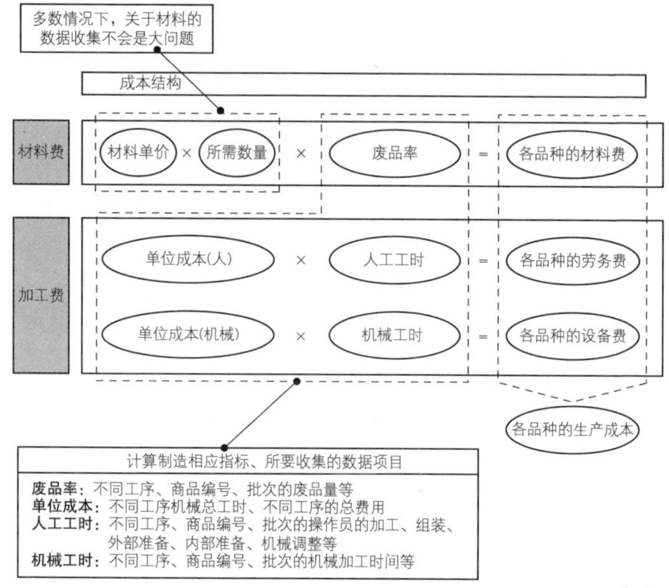


图 1-3　成本可视化的逻辑

材料费可视化的障碍之一就是零部件编码不统一，比如，从不同公司采购同一个零部件，或者从同一家公司的不同分支机构采购同一个零部件，采购价格不尽相同。编码体系不统一，很容易造成误解。

## 工时可以显示实力的数值

成本可视化的难点在于加工费，我们很难统计谁在某个产品的加工上用了多少时间，而且，很难以产品为单位测量工厂设备的哪个部分在哪个产品上用了多长时间。因此，多数企业采用费用分摊的方式，虽然不同行业、不同企业的加工费参差不齐，但加工费大多占总费用的 20% ～ 30%，如果无法掌握正确的加工费数据，就无从知道真正的成本。

图 1-4 是某个机械零部件厂家的案例。以前该厂家根据生产出的产品数量分摊直接人工费。也就是说，如果两种产品分别生产了 10 台和 40 台，直接人工费就按 1 : 4 的比例进行分摊。

尽管产品 A 生产了 50 台，产品 D 生产了 30 000 台，由于批次的不同，每台的实际成本也不同。再比如，产品 D 的总成本接近 5 000 日元，而产品 B 的总成本达到了 9 000 日元左右，差距如此悬殊，但以数量为基础的直接人工费从产品 A 到 D 都是 800 日元左右，看上去差距并不大。

## 实际成本：按数量计算和按工时计算的差异

单位：日元

| | 材料费 | 直接人工费 | 间接人工费 | 制造费用 | 其他 | 合计 | 差异 |
|---|---|---|---|---|---|---|---|
| 产品A 50台 | | | | | | | |
| 按数量计算 | 3 000 | 850 | 1 000 | 100 | 1 300 | 6 450 | +350 (+5.4%) |
| 按工时计算 | 3 000 | 1 200 | 1 000 | 100 | 1 300 | 6 800 | |
| 产品B 700台 | | | | | | | |
| 按数量计算 | 5 000 | 750 | 1 400 | 270 | 1 100 | 6 520 | +500 (+5.9%) |
| 按工时计算 | 5 000 | 1 230 | 1 400 | 270 | 1 100 | 9 020 | |
| 产品C 4 800台 | | | | | | | |
| 按数量计算 | 2 700 | 850 | 900 | 300 | 1 000 | 5 760 | +260 (−4.5%) |
| 按工时计算 | 2 700 | 600 | 900 | 300 | 1 000 | 5 500 | |
| 产品D 30 000台 | | | | | | | |
| 按数量计算 | 2 300 | 870 | 800 | 290 | 610 | 4 870 | +60 (+1.2%) |
| 按工时计算 | 2 300 | 930 | 800 | 290 | 610 | 4 930 | |

图 1-4　某个机械零部件厂家的案例

然而，用秒表测量每一个生产线的作业时间，了解各个工序所花的时间，并以此期间的工时为基础计算直接人工费，结果显示，600 日元的产品 C 和 1 230 日元的产品 B 之间出现了较大差距。这是因为自动化程度、生产批次、换机时间不同，加工每个产品所需的工时都有所不同。可见，以工时为基础计算成本能了解生产效率等显示实力的数据。

把以工时为基础计算出的成本数据和以往以数量为基础得到的数据相比较，我们发现，和产品 A 相比，产品 B 的成本上升了 5%，而产品 C 的成本下降了 4%。成本上升 5%，则毛利会减少 5%，这意味着，原以为能够产生盈利的零部件实际上没有产生盈利。

费用分摊意味着尽管分摊标准有所不同，但从某种意义上讲，企业放弃了控制某个费用科目，其实企业应该按照每个费用科目的金额或者特性来决定分摊金额的比例。

## 有必要花时间做的事情

“作业成本法”（ABC 成本法）[①] 可以说是基于工时的成本计算的升级版，它可以帮助企业掌握如实反映制造实际情况的实力成本，而且能够了解每个产品的实力，而这些情况在以数量为基础分摊费用时是看不到的。导入 ABC 成本法能了解某个工厂、某个生产线制造某个产品的能力，如果发现本工厂有优势，可以从其他工厂的生产线接手同类产品集中生产；如果发现没有优势，就不在本工厂制造，可以选择外包。

制定这种由本工厂制造或外包的方针之后，如果决定在本工厂实施部分工序，本工厂的优势产品就更容易获得资源，

① 根据事物经济、技术方面的特征，有区别地采取管理方式的一种定量管理方法。——编者注

生产技术能在中长期中得到提升。而且在上游的设计阶段，该方针能使设计环节对提高制造阶段的生产效率帮助更大，即让设计为后续的制造提供便利，并将设计环节及生产工序标准化，从本质上高效提升制造能力。

掌握工时看似是很单调的工作，但如果能扎实做到位的话，有助于持续强化竞争力，因此，企业值得花时间做这项工作。

## 物联网推动“全民皆知的 ABC 时代”

### ABC 成本法的价值逐步提升

ABC 成本法是 20 世纪 80 年代出现的，当初很多日本企业对此投以质疑的目光:“有必要做到那种程度吗?”无论何时何地，新事物的导入和在一线团队扎根总是困难的，而且从历史上来看，一线团队还有一些潜在的抵制势力拒绝导入 ABC 成本法。到目前为止，ABC 成本法的导入情况仍不理想。

在欧美企业当中，导入 ABC 成本法的企业比较多。ABC 成本法不仅能观察人的行动，还能观察设备的运行情况。能否获得盈利不是凭感觉来判断的，而是基于一些事实依据，因此，ABC 成本法成为重新审视业务矩阵或产品组合的契机。

今后，随着搭载人工智能的机器人产业日渐兴盛，3D 打印技术得到普及，一个设备应该能够处理多个产品、多道工序，以此来应对劳动力减少、需求多样化带来的小批量化等变化。也就是说，很多企业将成为同时发展硬件、软件的设备集约型企业。

为此，判断是否进行设备投资的时候，ABC 成本法的价值会受到越来越多的重视，因为它可以通过可视化告知企业哪个设备能为盈利做多少贡献，哪个设备会影响中长期投资。而在提高设备投资效率方面，贯彻 PDCA 循环对于提高制造业的竞争力也是不可或缺的。

## 成本管理的三个系统

让我们观察一下企业内的信息系统。简单而言，如图 1-5 所示，一般的企业都有企业资源计划系统管理生产计划和实际的产品入库情况等，在此基础上，有些企业会有管理生产线的制造执行控制系统（MES），以此为基础，通过设备控制系统（PLC）管理各种机械设备，而这三个系统往往是不同部门管理的。比如，企业资源计划系统由管理部门管理，执行控制系统由制造部门管理，设备控制系统由设备部门管理。由于系统本身存在差异，加上主管部门不同，数据很少进行联动。

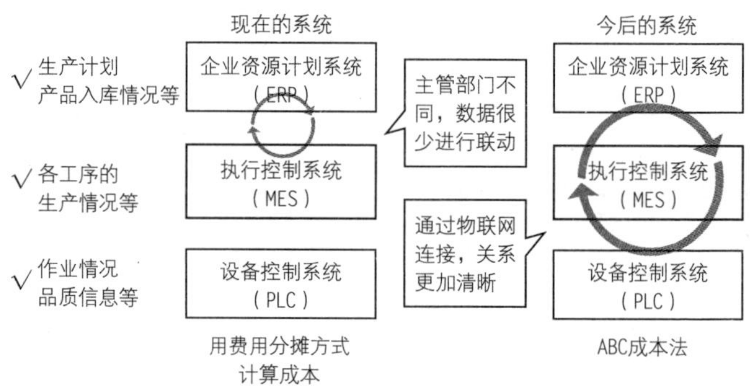


图 1-5　物联网带来成本管理的变化

然而，有了物联网以后，以往无法完全掌握的实际工时数据变得容易获取。而且，若联动整理三个系统提供的数据，就可以将企业资源计划系统的财务信息、执行控制系统的物品及工序信息、设备控制系统的设备运转信息联系起来，这样，ABC 成本法所需的信息就基本备齐了。

各部门如何活用 ABC 成本法，每个企业可能会有不同的判断。总之，ABC 成本法有大范围普及的可能性。

ABC 成本法之前之所以未能在日本企业中得到普及，除了一线团队抵触，还有一个原因是它难以获取必要的数据。随着物联网的发展，使用 ABC 成本法的门槛降低，谁都可以运用 ABC 成本法的时代指日可待。

## 根据成本结构区分核心产品和非核心产品

当我们掌握了实际的工时，进行了成本可视化之后，能做什么呢？图 1-6 是一个零部件厂家根据实际成本预测产品集群发展方向的案例。不同字母指示的矩形代表每个产品的成本结构，每一栏的宽度越大，意味着销售额越高。

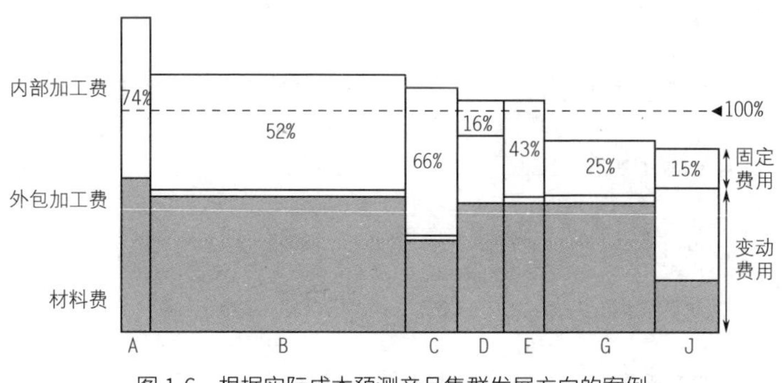


图 1-6 根据实际成本预测产品集群发展方向的案例

图 1-6 中灰色的部分是材料费和外包加工费，这是产品生产阶段不可避免的变动费用，这部分费用可调余地不大；图中白色部分是内部加工费，是固定费用，可以通过某些手段削减。也就是说，灰色部分大，则厂家可调范围比较小；白色部分大，则意味着该产品通过自主努力压缩固定费用后可以发展为盈利产品。

比如，图中最左侧产品 A 对应的矩形灰色部分较大，厂家可调的部分远超 100% 的损益分界线，即便将白色部分的固定费用压缩一半，它仍处于亏损状态，考虑到其销售额也不高，因此 A 产品很可能被认定为该厂家不具优势的非核心产品（将来可能下架或成为被出售的对象）。

产品 B 是销售额比较高的主力产品，但其亏损幅度较大，因此需要通过削减固定费用来解决问题。销售负责人一般愿意对销售额比较高的产品投入更多的精力，因此，有必要采取措施防止亏损范围扩大。

而产品 G 对应的矩形高度低于 100% 损益分界线，固定费用也不是很多，该产品目前还能产生一些利润，所以，如果能削减固定费用的话，产品 G 很可能变成盈利能力强的支柱产品。

可见，实现成本可视化之后，不用依靠感觉就能区分核心产品和非核心产品。当然，从产品技术、生产技术的角度确认目前成本结构形成的原因是必不可少的，但如果弄清楚了哪些产品对盈利有贡献，哪些产品需要重点销售，哪些产品需要投入更多的资源去大力培育等问题，一线人员和管理层就能达成共识。也就是说，围绕业务或产品的组合、资源的合理分配进行成本可视化，有助于企业做出正确的决策。

## 根据亏损类型改变研讨课题

图 1-7 是某设备厂家按照累计毛利排列的 5 年内接受的订单。

亏损往往和接受订单时报价过低、存在技术挑战、未能实现量产等问题有关，因此，有必要认真审视亏损的类型和原因。

图 1-7 最右侧的项目收益较大，因此要认真分析其成功的类型和原因并加以利用。比如，在特定用户的重复购买项

目中，充分吸取第一次向该用户提供服务时的经验教训等，这些都可以被归纳为某种类型。图 1-7 中间是利润较小的项目，这部分需要尽快实现标准化，减少工时，逐步提高生产效率。

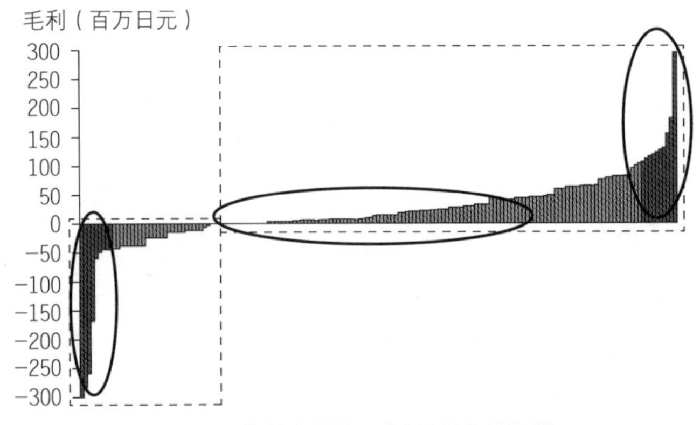


图 1-7　各种产品活用成本可视化的案例

常见的亏损类型如图 1-8 所示。前述设备厂家一般属于图 1-8 第一栏里“大型亏损”中的典型案例。这类厂家通常以“投资项目”为名义，允许出现亏损的情形比较多，为此，要重新审视订单策略，借鉴成功的案例。

图 1-8 第二栏的“整体少许亏损”是汽车零部件厂家常见的类型。由于来自整车厂降低供货成本的压力比较大，

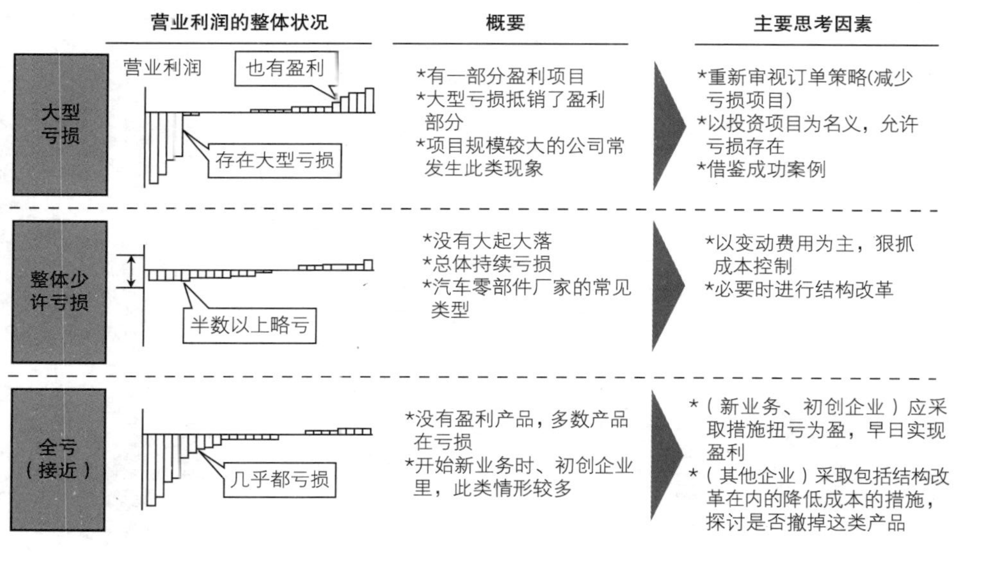
营业利润的整体状况
概要
主要思考因素
大型亏损
营业利润
也有盈利
存在大型亏损
*有一部分盈利项目
*大型亏损抵销了盈利部分
*项目规模较大的公司常发生此类现象
*重新审视订单策略(减少亏损项目)
*以投资项目为名义，允许亏损存在
*借鉴成功案例
整体少许亏损
半数以上略亏
*没有大起大落
*总体持续亏损
*汽车零部件厂家的常见类型
*以变动费用为主，狠抓成本控制
*必要时进行结构改革
全亏（接近）
几乎都亏损
*没有盈利产品，多数产品在亏损
*开始新业务时、初创企业里，此类情形较多
*（新业务、初创企业）应采取措施扭亏为盈，早日实现盈利
*（其他企业）采取包括结构改革在内的降低成本的措施，探讨是否撤掉这类产品

图 1-8　常见亏损类型

企业几乎没有利润可言，反而有少许亏损。这一类型涉及的产品比较广泛，它们大多处于半死不活的艰难状态，这时，有必要参考图 1-6 分析成本结构，考虑需要撤掉哪些产品。

## 根据企业的理念和业务特性制定绩效指标

### 不赞成“战略性亏损”的理由

当企业彻底实现了成本可视化，分析了成本结构，能够判断某个产品是否亏损后，如果依旧无法摆脱亏损状态，那么该产品亏损很可能与销售团队有关系，这种情况并不罕见。

销售负责人希望多卖一些产品，哪怕是低价供货，也要提高销售额，这是他们本性使然。因此，在接受订单时，明知道几乎没有利润，甚至会亏损，他们也会以“就当是一个投资项目，以后肯定能翻本”为借口强行说服高层，但这种情况很少有翻本的先例。

就拿前面提到的设备厂家那样的项目型预算管理业务来说，公司的关键绩效指标（KPI）用销售额或市场份额来展现的话，很容易产生“战略性亏损”。

那么，是否应该把利润当作目标呢？这么做不一定能获得成果。

## 摆脱增收增益的魔咒

在企业，尤其是厂家的经营活动中，有一种近似魔咒（增收增益）的束缚，很多企业将“销售额和利润同步增长”当作魔咒来反复强调。我当然不反对在创造利润的同时扩大销售规模，但是深度分析一些企业的业务特性后就能知道，销售额与利润不一定成正比。

因此，在设定 KPI 的时候，不能随大流，别的企业怎么做，自己也怎么做，随大流制定一般性指标是不够的，应该充分考虑本企业的业务特性，这一点极其重要。

比如，像设备厂家这种个别接受订单的项目型 / 案例型企业，不一定非要扩大销售额，而应该彻底遵照前述内容，以项目为单位进行收益管理，允许销售额降低，利润略增，这样反而更有利于达成利润目标。

很多项目在安排设计工程师的时候，由于人力有限，处理能力也有限，人力资源不像设备或零部件那样可以轻易地在不同项目上共享，因此，设计工程师的处理能力直接决定某个业务的处理情况。

在这种情况下，不分轻重地追求销售额或市场份额不符合业务特性，后续会出现很多问题。常见的问题是设计品质降低，生产环节出现返工现象等。可见，充分掌握业务的经济学逻辑至关重要。

将以上因素都考虑在内，针对企业的经营情况决定是迎难而上、加速扩大市场份额，还是专注于利润的增长。从分析企业经营情况的意义而言，KPI 包含的内容就是企业的经营思想本身。企业到底重视什么？企业应该带着什么样的思想去运营各项业务？ KPI 会如实反映这一切。

## 不看产品的生命周期则无法了解盈利状况

### 将累计盈利作为目标

在产品生命周期比较长的行业，比如汽车及其零部件行业、机械设备行业、材料行业，成本可视化最理想的手段应该是生命周期成本管理。在图 1-9 下方的坐标中，横轴下方代表

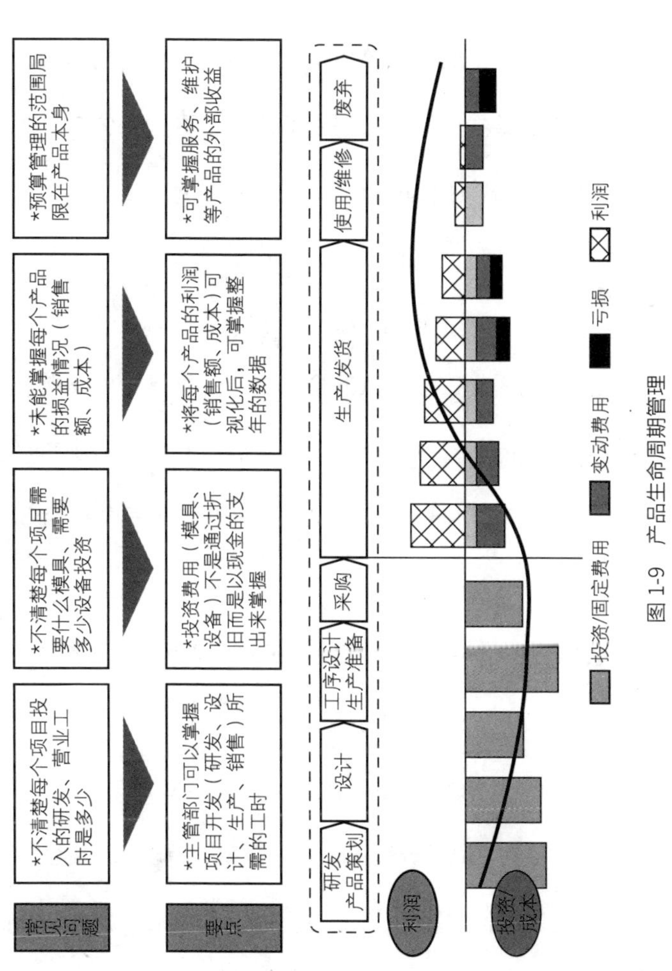


图 1-9　产品生命周期管理

投资与成本，上方代表利润，曲线代表累计收益。

制造业的产品生命周期大体遵循图 1-9 这样的轨迹。如果不重点关注这个曲线，公司是否获得盈利则无从判断。重工业企业的订单生产型业务的生命周期会更长。总之，通过产品生命周期实现成本可视化是企业必备的能力。

## “梦想成本”的陷阱

我们对前述重工业行业的企业进行一番分析后发现，很少有哪家企业的收益曲线朝着正向发展。七八成企业的收益曲线一直处于盈利分界线以下，企业经营管理层看到后多数会大吃一惊。

彻底实施成本管理的 A 级别的企业，有能力把成本为 100 日元的产品以 120 日元出售，因为它们有话语权。然而，B 级别的企业在报价方面没有那么大的话语权，明明成本达到 150 日元，但不降到 120 日元就无法拿到订单，所以，这类企业只好以 120 日元的价格接受订单。鉴于此，就应该考虑如何降低成本了。比如彻底实施 PDCA 循环，努力降低成本，直到把成本控制在 100 日元以内。这些企业大多有能力把成本降到 100

日元以内，但也存在无法降低成本的情况。

而C级别的企业在报价、成本控制方面的能力比较弱。比如，目前的成本是150日元，这些企业一般会接受120日元的订单，拿到订单之后再考虑成本问题，这就是所谓的“投资项目”。这样的项目多了，亏损在所难免，企业也会日趋衰弱。有一家公司自嘲地称之为“梦想成本”，意思是几乎无法实现的成本目标。

## 收益和成长的平衡

在注重产品生命周期的业务模式下，常见的经营课题是权衡短期的利润表和现金流量表。也就是说，大型项目订单需要几年的前期投资，这期间的利润表常常会趋于恶化，而能否筹措到足够的资金去进行前期投资也是很重要的问题。

稍加夸张地说，对于那些无论如何都要拿到大订单冲销售额的一线业务部门来说，以上问题“与它们无关”。企业总部需要冷静考虑是否能分配足够的资金，是否能说服“冲劲十足”的业务部门，否则大订单“一定能回本”的想法极有可能是痴人说梦。

至于上市公司，更要在短期收益和长期成长之间做好投资者关系管理（IRM），因此某个项目是否应该争取订单，通常需要企业高层做好经营决策。

## 盈利不是一线团队的问题，而是经营的问题

前面阐述了成本可视化及其在经营方面的意义，在实际的跨国经营当中，收集整理产品的数据并实施 PDCA 循环是一个非常艰巨的工作，它需要承担很大的压力，需要很多投资。这里需要经营者具备成本控制的问题意识，但由于种种原因，这项工作经常遭遇失败。

失败大体分为两种类型。一种是突然导入系统，然后不加分析就去实施。比如，没有充分分析本公司的业务特性，没有明确到底该对哪些业务进行可视化，或设定 KPI 时没有正确的指导思想，就按照供应商的方案构筑系统。由于导入的系统和本公司业务的实际状况不符，系统的利用频率逐渐降低，为了适应个别问题，生产一线会出现多个迷你系统，其结果是系统变成无人使用的失败投资。

另一个失败类型是燃尽症候群[①]。有的公司一开始会让总裁级别的人带领全公司投入某项目，一旦发现难以出成果，且过程单调，等项目进行到一半时，管理层会逐渐缺席项目定期会议等。这时，一线团队就会陷入困惑：“这个项目到底是为了什么？”

处于破产再生阶段或接近破产的企业，往往在过去的岁月里至少遇到过这两种情形中的一种。在这个过程中，即便未能做到成本可视化也没人在意，组织会慢慢变成一个对损益敏感度很低的组织。

组织一旦变成这样，为了重生，必须投入大量的精力从意识改革着手。为了避免重蹈覆辙，经营管理层应该以强大的意志去应对。

“可视化 1.0”正如本章说的那样，是成本可视化。它不需要华丽的战略或大量的投资，它需要的是某种执念，比如整理不同业务部门的数据或代码体系，并将这些信息联动起来，不惧部门间的利益矛盾，致力于完善规则等，归根结底

① 指置身于极大压力之下的人失去干劲。——编者注

是持之以恒、脚踏实地地工作，将工作做到位。

这个过程不仅需要相当长的时间，还会遭到公司内部反对改变的势力的抵制，可谓一波三折，所以很多公司半途而废了，这也是事实。

作为经营者，在基于经济合理性进行判断时，理应知道什么业务盈利，什么业务亏损。正因为如此，为了突破艰难险阻，公司最高管理层需要具备强大的意志力，持续为改善收益管理摇旗呐喊。

从另一个角度讲，自下而上的收益管理项目当中，很少有顺利推进到最后阶段的案例，这是本书两位作者的真实体会。

# 第二章　可视化2.0

## 流程可视化
## ——重新审视价值链的上游部分

## 重新思考日本制造业的优势

### 何为生产厂家的竞争力源泉

如何尽快生产出具有竞争力的产品并投放市场，一气呵成的业务流程再造不可或缺。这就是“可视化 2.0”的目标所在。

在此，我们静下心来想想什么是制造业。与采购商品进行销售的零售业相比，制造业中“创”“作”“造”这几个阶段通常全部由企业自己统筹安排。在每一个阶段，企业都能各显神通，但关键在于如何具体落实，换句话说，提升附加价值的能力的差异是厂家之间竞争力出现决定性差异的原因所在。

进一步了解制造业的特征后就能知道，制造业的价值链整体分为 3 部分。

图 2-1 中 5 ～ 9 是所谓的供应链管理（SCM），就是通盘控制采购、生产、销售、售后服务等一系列环节。然而对制造业来说，产生决定性差距的不是生产、销售这两个阶段，多数情况下取决于“创”和“作”这两个阶段，这部分的管理被称为工程链管理（ECM），也就是图中 1 ～ 4 的部分，而从 ECM 和 SCM 中派生出的各管理环节是图中的 10 ～ 13。

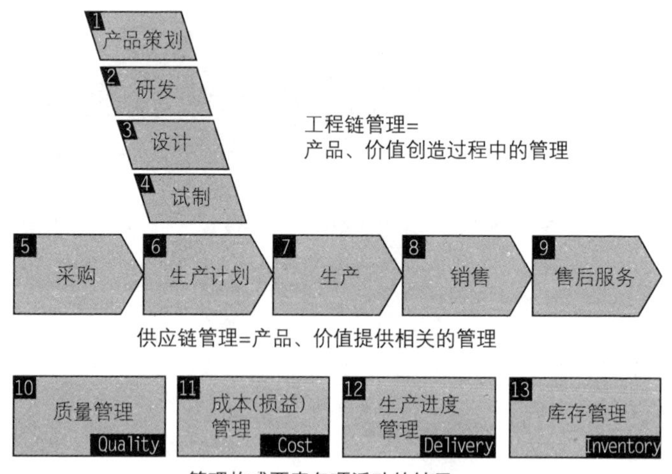


图 2-1　制造业的产业链汇总

## ECM 和 SCM 的区别

ECM 决定以何种成本结构来生产何种产品，之后以何种价值送达用户，也就是解决“什么”（What）的部分，而 SCM 解决的是如何向外部提供工程链确定的价值，也就是解决“如何”（How）的部分。

很多人一谈到提高成本竞争力，就想到改善供应链，但这样一来，包括采购、销售在内的供应链很容易受到外部供应商或用户的影响。而从策划、研发、设计、试制到生产计划为止的工程链基本上都是企业能够控制的，考虑到成本大半是由上游部分决定的，因此，上游部分如何从战略上做到差异化至关重要。以改善活动著称的丰田公司并非只在生产工序的高效化方面努力，它们在上游部分的投资也比较多，以此来提高企业的整体竞争力。

## 应对越来越细分的用户需求

### “短缺时代”已经结束

日本企业历来擅长在供应链一侧下功夫，比如为了降低1日元或2日元的成本而在制造工序上实施单调而持续的改善工作。一线团队的质量控制活动就是典型的做法，它们往往围绕生产一线的课题自下而上地持续进行改善活动，坚持几年后成本大幅降低，其实这也是持续改善质量的活动。

而在工程链方面，除了企业内部的改善活动之外，“如何更好地捕捉用户需求”这个视点不可或缺。如果从一开始就精确掌握了用户需求的话，企业就可以控制工程链部分的价值，因此能够创造充足的利润。然而一旦制造出不符合用户需求的产品，那么研发投资、设备投资就无法回收，公司可能会面临危机。

日本曾经的经济高速增长时期是短缺时代，由于物资缺乏，“只要生产出优质商品就能卖出去”“只要（比对手）便宜就能卖出去”。因此，产品线由厂家主导，厂家大量生产，消费者（没有多少选择余地）购买这些产品，这样的格局持续了很久。随着日本泡沫经济破裂，物资过剩时代来临，消费者需求更加多样化，大量生产“与大家一样”的产品不再具有竞争力。

于是出现了“用户关系管理”（CRM）的思维，用户主导的思维逐步渗透到商界。如今，用户需求更加细化，需要“一对一营销”，即需要及时捕捉每一位用户的需求。

## 创造附加价值，还是降低成本

在以产品为导向的时代里，从某种意义上来说，竞争点集中在如何大量生产同样的产品上，以降低成本。而随着需求的多样化，除了需要准备多种多样的产品线，还需要降低成本，这等于要解决自相矛盾的命题。然而，如果过度聚焦“长尾理论”谈及的“尾部”，则需要完全按照需求定制产品，这时如果无法将成本转嫁到价格上，企业势必会在竞争中处于劣势。

因此，即便无法做到个别应对，至少也要在一定程度上按照细分化的需求提供定制服务，同时在能够实施标准化的地方尽量实施标准化，享受规模化生产的便利。也就是将增加附加价值的部分和降低成本的部分区分开来。

从这个意义来说，3D 打印可以说是一项既能应对细分化需求，又能提高生产效率的技术。部分 3D 打印机厂家乐观地设想，10 年之后，目前量产的产品中约 60% 会使用 3D 打印技术。届时大街上到处都是 3D 打印店，用户只要提供从网上购买的产品数据，就能打印出穿起来最舒服的鞋，这样的时代指日可待。

## 日本企业在盈利能力上步了欧美企业的后尘

### 和欧美企业拉大距离的原因

“只要造出好东西就能卖出去”的价值观根深蒂固的日本企业往往会忽视用户的需求，而美国企业则擅长捕捉用户需求，并系统性地加以解决。相比于日本或美国企业，以德国企业为首的欧洲厂家在品牌力和设计能力方面有优势。如图 2-2 所示，日本制造业的平均销售毛利率落后于德国或美国的企业，即盈利能力不如德国和美国。

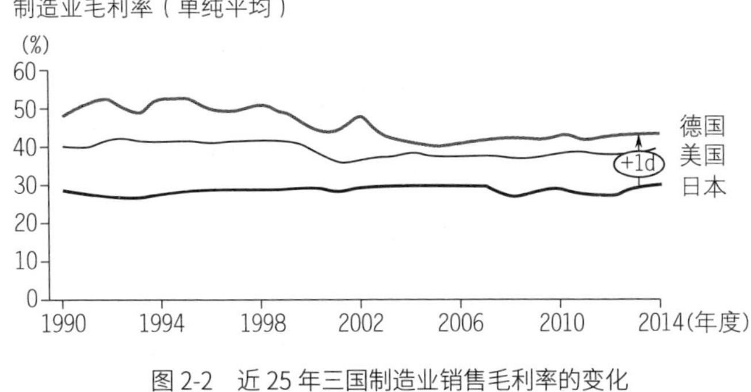


图 2-2 近 25 年三国制造业销售毛利率的变化

注：根据福布斯全球企业 2000 强各国制造企业数据为基础制作，仅限于能连续看到 25 年毛利率数据的企业，样本为美国企业 113 家、日本企业 78 家、德国企业 14 家。

为什么会产生这样的差距呢？据东京大学藤本隆宏教授分析，是因为日本厂家和其他国家的厂家的组织能力与擅长领域不同（见图 2-3）。

众所周知，日本厂家的优势在于一线团队的执行力，它们擅长在一线团队的具体工作中持续寻求平衡点。而欧洲厂家大多像奔驰、宝马那样，处理用户诉求的能力很强，不断推出重视设计或品牌的产品。美国厂家则像戴尔那样，擅长将模块化的部件集合起来系统性地加以组装。像苹果公司那样没有自己的工厂、专注于设计（价值链的上游）和服务（价值链的下游）的美国企业为数不少。

| | 组织能力 | 擅长领域 |
|---|---|---|
| 日本 | 一线的综合能力 | 重视操作层面的<br>“寻求平衡点”型产品 |
| 欧洲 | 面向用户的表现力<br>（品牌能力） | 重视设计、品牌的<br>“寻求平衡点”型产品 |
| 美国 | 系统构思能力 | 知识集约型<br>开放模块产品 |
| 韩国 | 资金和决策的<br>集中能力 | 资本集约型<br>开放模块产品 |
| 中国 | 劳动力优势 | 劳动集约型<br>开放模块产品 |

图 2-3　组织能力和擅长领域的架构

资料来源：参考藤本隆宏教授《日本的制造业哲学》制作。

以三星为代表的韩国企业曾凭借快速决策和大胆投资的优势席卷全世界。韩国企业汇集模块化部件的做法和美国企业相同，但美国企业大多属于知识集约型，韩国企业则属于资本集约型。相比于依靠本公司力量创新或推出精妙的设计，韩国企业更加重视依靠投入大量资金将其他公司的成果嵌入本公司产品，从而产生压倒性的竞争力。

中国企业近来变化很大，但其优势仍然在于劳动密集型产业，因为拥有数量庞大且成本相对较低的劳动力。其他国家同样的产品在成本竞争力方面仍无法与中国企业抗衡。

## “模仿别的国家”不现实

综上所述，各国都有其优势，各自历史和文化的积淀造就了目前的状态，因此，日本企业想从现在起模仿欧美企业并不现实。一线团队寻求平衡点的能力依然是日本厂家的优势，即使身处模块化的全盛时代，全部摈弃这些优势也绝非上策，相反，应该认真思考如何活用这些优势。

在经济高速发展时期，日本企业能够追赶国际企业，除了得益于将地方工人补充到制造业中，并没有其他方式来实现大量劳动力供给。

也就是说，用有限的人才提高生产效率的思考方式仿佛是植根于日本企业的 DNA，因此，一线团队的改善活动或寻求平衡点成为其优势。正因为一线团队的能力足够强大，日本企业才得以克服 20 世纪 70 年代发生的两次经济危机。

## 自下而上寻求平衡点不再发挥预期的作用

然而，面对当前日益复杂的制造业环境，日本企业的这种优势逐渐显露出其不合时宜的一面。正如前文所讲，随着产品生命周期日益缩短，公司内部用于寻求平衡点的时间越来越少，而且技术越来越高端、复杂，加上数字化、IT 化的影响，以往只需了解结构和硬件知识就可以讨论的领域，如今也离不开软件知识。

汽车、手机更多地依赖软件来运转，因此，企业只在硬件方面寻求平衡点已经没有太大意义了，而且寻求平衡点的难度也已今非昔比。

此外，新兴市场不断加快追赶速度，发达国家传统市场的需求更加细化。因此，不再是生产廉价的商品就万事大吉了，而应该应对各种各样的市场需求。能在增加产品线的同时满足各种需求是最理想的，然而想迅速应对如此多样的需求，一个企业能做的事情非常有限，于是需要与其他企业开展协作、相互提携，即必须积极利用所谓的开放式创新，借鉴其他企业的优势。

对于将一线团队之间直接开展寻求平衡点的活动奉为传统的日本企业来说，这种转变说起来容易做起来难。而且，随着制造业本身趋向复杂化、多样化，企业组织也变得复杂，自下而上寻求平衡点的做法不再发挥预期的作用。

例如，随着企业不断壮大，业务模块划分为某某产品集群等之后，横跨组织寻求平衡点的次数也成倍地增加。其结果是，即便想寻求平衡点也无法真正做到“平衡”的情况时有发生（见图 2-4）。

## 寻求平衡点越来越难

### 以往的价值观不再适用

为了说明技术提升使寻求平衡点越来越难以实现，我们来举一下自动驾驶的例子吧。为自动驾驶提供图像识别技术的世界领军企业——智能辅助驾驶公司 Mobileye 的总裁阿姆农 · 沙舒瓦（Amnon Shashua）曾经指出，自动驾驶需要向三个方向发展。

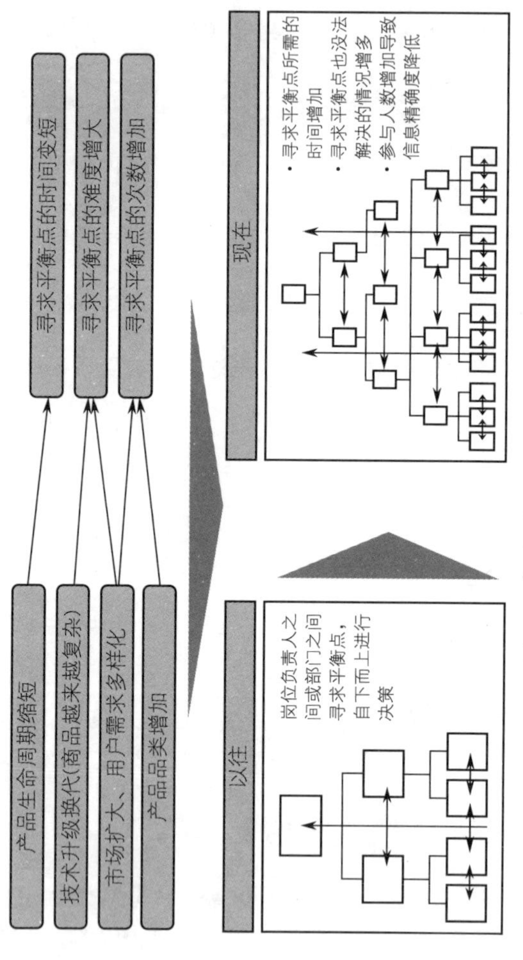


图 2-4　寻求平衡点未能做到真正的平衡

第一，需要发展传感器，为了研发 LiDAR（激光雷达）技术，各国厂家已经展开了竞争；第二，需要发展 3D 地图技术，该技术能用于识别车辆行驶的路径、前方的障碍物及其分布；第三，需要发展驾驶策略，比如，车辆驶入非常拥堵的高速路时，需要确定并线时的车辆间距。在日本，驾驶人很有可能基于互相谦让的精神交叉进入高速路，但是在有些国家，驾驶人可能需要随机应变，否则很难并进主路，也就是说，需要明确最佳界限。

第一个提到的传感器技术，原来属于硬件的范畴，现在有很多单位运用各种技术竞相进行研发，因此，传感器将会变成一般商品，那些相比于其他公司在产量和成本方面具有压倒性优势的极少数设备厂家最终可能一统市场。

而且，在不远的将来，运用人工智能识别图像成为主流的话，传感器只需具备单纯的摄像头功能，产生差异的将是软件部分。在这种情况下，在制造业具有优势的日本厂家将处于不利地位。

第二个提到的 3D 地图技术自始至终完全属于软件领域。而第三个提到的驾驶策略则取决于软件算法的发展。

如果不适应各种驾驶风格，如果无法提供令司乘人员感到惬意的速度或操作体验，好不容易实现的自动驾驶很可能增加用户的精神负担。比如，人们在乘坐别人驾驶的车辆时，常会因为对方跟自己开车时踩刹车的节奏不一样而感到恐惧。因此，驾驶风格也应被人工智能进行个性化处理。

总而言之，沙舒瓦认为，决定自动驾驶优劣的是驾驶策略这个部分。也就是说，和以往的汽车不同，未来汽车的价值将体现在发动机、制动装置、电气系统以外的部分，自动驾驶的研发意味着在那些“以外”的部分展开角逐。

## 算法决定胜负

某汽车零部件厂家的高管认为，当我们进入人工智能算法决定胜负的时代之后，比较赚钱的将是具备鉴定功能的人工智能。比如，当我们听到类似“这辆车安装有高端的人工智能系统，适合日本的交通路况，所以它安全、安心”的说法时，会有多少人相信呢？

于是，认证人工智能能力和安全性的机构将应运而生，有了这种机构的认证，消费者就能放心购买和使用。然而，人类无法挨个检查高度复杂的人工智能的每一个性能，以采取万全之策，因此会出现评估人工智能性能的另一个人工智能，即鉴定师类人工智能，来鉴定人工智能的各项性能。那位高管认为，运营这类鉴定师人工智能的公司将是最大的赢家。

目前有一个叫对抗生成网络（Generative Adversarial Network，GAN）的领域备受瞩目，就是让人工智能之间进行对决以促进计算机深度学习。比如，让一个擅长临摹梵高作品的人工智能和专门鉴别真假绘画作品的人工智能进行对决，两种人工智能都会得到快速进步。

鉴定真假的人工智能不是纸上谈兵。谷歌旗下 DeepMind 公司开发的阿尔法围棋（AlphaGo）之所以能够战胜围棋界顶级高手，是因为它经历过人工智能之间的不断对决，在短时间内获得了远远超过人类的经验（人工智能之间的对决通常瞬间决定胜负，因此能在几小时内获得职业棋手花费一生才能获得的经验）。

今后，人工智能和物联网得到普及的话，单靠日本擅长的硬件制造无法做到差异化。在硬件和软件领域寻求平衡点的基础上，算法决定胜负的时代即将到来。为此，企业需要从体制上准备好应对这样的变化。

## 收益和竞争力不一定一致

### 注重短期效益的裁员将失去什么

一般认为，有竞争力就有收益，遗憾的是，明明有竞争力却不盈利的案例比比皆是。此外，明明可以做到差异化，却因为措施不当而没能及时抓住差异化关键点的案例也很多。

究其原因，是为了提高收益率而采取的措施最终削弱了竞争力。比如，某客户迫使供应商降价，短期内的收益可能提高，但是，反复的、反常规的降价要求会打击供应商的积极性，让他们认为“无法继续与这样的客户合作”，从而降低给这家客户供货的优先顺序，最终影响该客户产品的供应。

此外，将一部分制造工序外包给合作方，在短时间内或许能降低生产成本，但这也意味着降低了企业对该工序的管理能力，也因此失去了成本控制能力。除去从战略上进行判断后将非核心技术外包的情形外，如果将原本具有竞争力的工序拿到外面，会使外包合作方吸收技术，他们在认识到自己的技术价值之后可能提出涨价要求。一旦出现这种情况，成本就会上升。

设计业务外包后，企业就无法决定元器件类型、数量等，从而失去对某个零部件的管理能力。一般来说，正因为自己企业掌控设计，才可以预知需要改变的工序以及可能出现的结果，而一旦将设计业务外包，致命的损失是品质管理能力的缺失。或许读者觉得这是危言耸听，但我见过很多企业为了短期效益重组而痛失这些基本能力。

硬件厂家基本擅长机械工学和电子工学，软件不是它们的强项，因此外包软件业务的情形比较多。然而，对于产品的用户来说，控制机械或电子零部件的是软件，用户界面也是软件在控制。所以，一旦把软件部分的业务外包，其结果是当企业意识到的时候，外包合作方已然掌握了主动权，而自己还是没能培养出软件工程师。

## 留下什么业务，外包什么业务

或许读者会认为“既然如此，掌握全部工序的厂家最强”，然而事实并非如此。重要的是基于业务竞争力、产品竞争力、成本等角度，综合判断本企业应该专注的业务、可以与其他企业合作推进的业务、可以完全外包的业务。正如前文所述，将所有业务都放在自己企业内的“全才型”经营不一定是最佳选择，当今时代必须具有开放式创新的明智思维。

当企业业绩下滑严重，需要进行根本性削减成本的改革（类似于结构改革）时，多数企业倾向于拿掉着眼于未来、不十分急迫的投资领域，比如解散研究所、削减研发费用。然而，这种措施无疑会降低对企业未来收益有利的那些业务所具备的潜在可能性，因此需要慎重判断。

而且，由于裁掉了有经验的员工，技术没有得到传承，即便是暂时性地提高了收益，有些公司也在数年后走了下坡路。这是因为有经验的技术人员或生产一线的员工往往具有看似与企业竞争力无关的经验和技巧。一刀切式的裁员会导致隐性知识资产流失，所以需要引起重视。

当然，为了确保企业未来的效益增长而导致主业不堪重负无疑是本末倒置。因此，收益率的短期提升和竞争力的长期维持、提升具有此消彼长的关系，有必要三思而后行。

## 内在竞争力和表面竞争力不一样

基于以上内容，我们一起思考丰田为什么强大。

从外面观察丰田的时候，首先观察到的无非是功能或品质方面的优势、成本竞争力、品牌力等，我们将这些统称为“表面竞争力”。为了维持和提升表面竞争力，丰田都做了哪些看不见的努力？丰田具有哪些不为人知的能力呢？

在底层技术研发方面，丰田具有很强的实力，拉上众多供应商协同作战的能力、部门之间的协调能力也是无可匹敌的。而且，相比于定制个别产品，丰田更重视能统一则尽量统一的做法。可以说，它们具有金太郎糖果式的多面优势[1]。

[1] 金太郎糖果是日本传统的糖果，这种棒状糖的截面图案都是相同的金太郎面孔。——译者注

常被提起的“看板管理方式”“准时制生产方式”“改善活动”无疑非常有效，但其他厂家多多少少都已经导入了这些做法，因此，在生产管理方面很难做到差异化。决定丰田与其他企业差异的还是前文提到的策划、研发、设计等上游工序。

此外，正如多位学者指出的那样，丰田把希望员工遵守的所有东西渗透到了基层，形成了丰田的企业文化，这种能力非同一般。比如，丰田把所有流程用标准化的文件加以整理，向员工灌输。前文提到的东京大学藤本教授指出，丰田是“标准化、文书化的化身”。文书化其实已经在很多公司得到体现，但很多文书都形同虚设，几年都不更新。

然而，在丰田，这是不可以的。正因为得到了反复锤炼，企业文化才得以渗透。

这就是丰田的内在竞争力。内在竞争力乍一看是很单调的因素，但极其接近企业经营的本质，是真正竞争力的源泉（见图 2-5）。

竞争力分为表面竞争力和内在竞争力，
内在竞争力很不起眼，但接近企业经营的本质

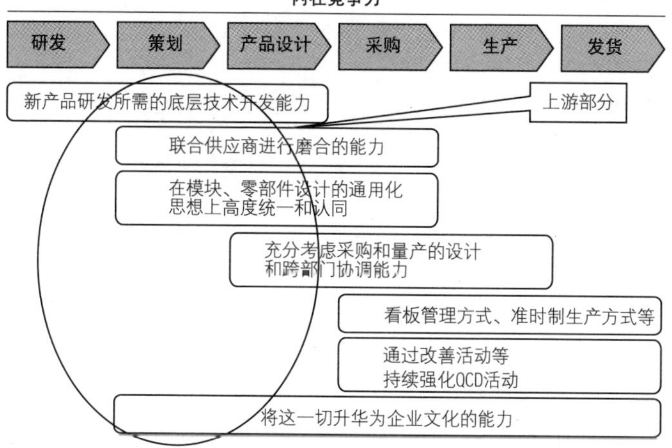


图 2-5 制造业的竞争力

## 以需求为导向策划商品

那么，具体来说如何才能制造出好产品呢？

如图 2-6 所示，策划产品时首先要进行市场分析和调查，了解市场环境、行业环境、用户动向、竞争情况，在此基础上才能得出采取什么样的“打法”（该领域的参与者不可忽略的通用的基本“打法”）这种一般性解决方案。需要留意的是，在这个环节找到的只是“一般性的解决方案”，并不是“特有的解决方案”。

其次，需要掌握企业的情况。彻底了解本企业能做的、不能做的，企业的优势、劣势，才能基于自身情况找到特有的解决方案（在掌握通用“打法”精华的基础上，找出本公司特有的“打法”）。

先找出客观的一般性解决方案，然后再找出本企业特有的解决方案，这个顺序千万不能弄错。如果先了解本企业的具体情况，再观察外部环境的话，你的思考方式多少会受到干扰，更容易朝着有利于自己的方向去考虑问题。

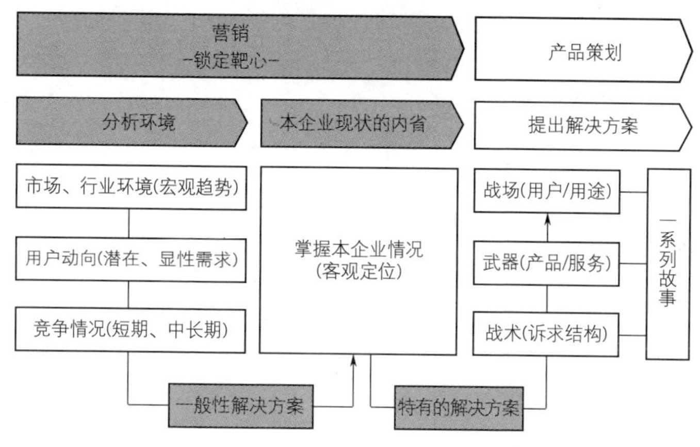


图 2-6 产品策划的准备事项

在为产品策划做准备时，有很多便利的逻辑框架可供使用，比如 3C（用户、竞争情况、本企业情况）、SWOT 分析（优势、劣势、机遇、威胁）、4P（产品、价格、渠道、促销）、5F（供应商的议价能力、购买者的议价能力、新进入者的威胁、替代品的威胁、同业竞争者的竞争程度）、PEST（政治、经济、社会、科技）。然而，逻辑框架仅仅是考虑问题的辅助工具，并不能保证一定会得出正确的结论，因此，重要的还是依靠自己的头脑去思考（见图 2-7）。

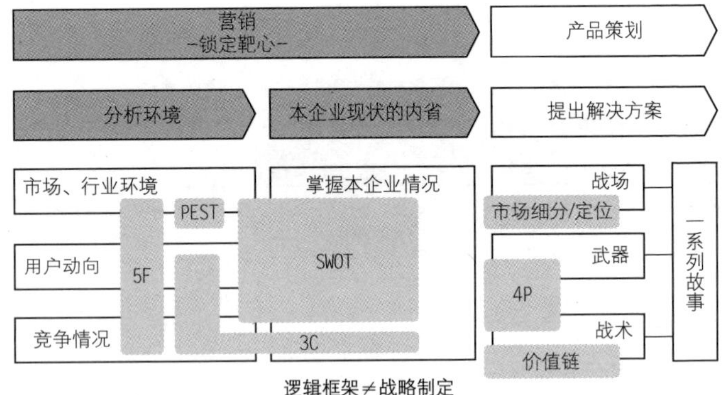


图 2-7　实用的逻辑框架范例

## 产品策划的推进方法

通过前期的市场调研，明确本公司在目标市场里特有的“打法”之后，下一步就是具体的产品策划。在这个环节如何更好地把握用户需求，并将其反映到产品当中是决定胜负的关键。图 2-8 介绍的就是这个流程。

**考虑到“处方”的产品开发（产品策划）的推进方法**

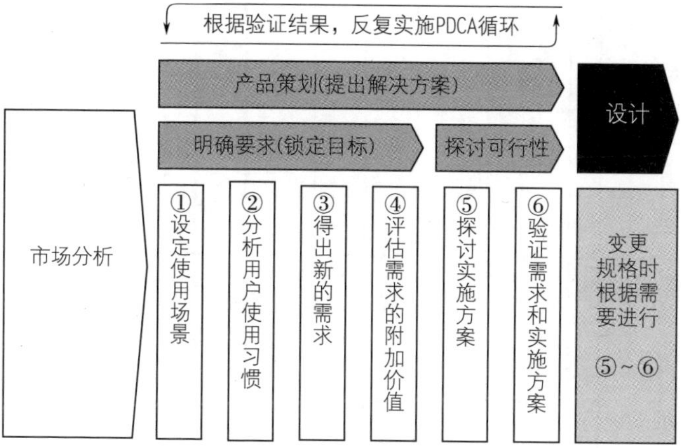

根据验证结果，反复实施PDCA循环

产品策划(提出解决方案)

明确要求(锁定目标)

探讨可行性

设计

市场分析

①设定使用场景

②分析用户使用习惯

③得出新的需求

④评估需求的附加价值

⑤探讨实施方案

⑥验证需求和实施方案

变更规格时根据需要进行⑤~⑥

图 2-8　产品策划流程

在图 2-8 的 6 个步骤中，将①到③汇总形成如图 2-9 所示的表格。这里以打印机的需求表为例进行说明。

表格的纵列表示步骤①，设定产品使用场景，横行表示步骤②，分析用户使用习惯。

示例中的使用场景是 50 岁左右的男士在家里使用打印机，他不一定每天都使用，只是偶尔在互联网上看到有趣的新闻或者与兴趣爱好相关的信息时会使用打印机，此外就是在打印贺年卡之类的情况下会使用。

| 需求构思表 | 使用场景 | 用户 | 使用时间 | 使用地点 | 使用理由 | | 使用方法 | 数量/金额 |
|---|---|---|---|---|---|---|---|---|
| | | 50岁左右的男士 | 周末夜晚 | 家中 | 打印网站浏览信息 | 打印贺年卡 | 通过Win7 PC、网线打印 | 每周打印10张左右 |
| 购买流程 | | | | | | | | |
| 购买场景 | | | | | | | | |
| 导入场景 | | | | | | | | |
| 使用流程 | | | | | | | | |
| | 打开打印机电源 | 启动快 | 很安静 | 可遥控开关 | | | | |
| | 更换纸张 | | | | 纸张挡板好用 | 装纸张方便 | | |
| | 触屏设置纸张大小 | 屏幕文字大 | | | 可使用推荐纸张以外的纸张 | 自动变更尺寸 | | |
| | 计算机端变更印刷设置 | | | | | 可打印贺年卡可用厚纸 | 设置画面，应该更容易上手 | |
| | 计算机端下达打印命令 | | | | 按下印刷键后很快出纸 | | | |
| | 确认打印结果 | | | 室温不影响画质 | 相比于像素，更重视速度 | 打印出的图片质量高 | | 隔几天打印也没问题 |
| 维护场景 | | | | | | | | |
| | 更换墨盒 | 不会弄脏手 | | | | | | 希望油墨更耐用 |
| | 处理塞纸 | 有提示 | | | | | | |
| 废弃场景 | | | | | | | | |
| | 废弃墨盒 | 废弃很麻烦 | | | | | | |
| | 废弃打印机本身 | | | 回收服务 | | | | |

图 2-9　打印机需求表示例

在设定使用场景方面，数量和金额设置的是每周打印10张左右。客户使用流程最后一栏是确认打印结果。如果长时间没有使用打印机则容易出现油墨发干导致文字变淡的问题，由此引出隔几天打印也没问题这类具体需求。

以上是相对简单的需求。如果是工业用打印机等不同的产品，或者产品需要提供给海外用户的时候，产品使用场景和客户使用习惯都会有变化。比如印刷工厂都在室外，通常使用非正规厂家的油墨等。这是在①和②两个项目交汇的部分半强制性地寻找潜在需求的方法。当然，到一线看实际产品后再思考是铁定的规则。

## 用 VOC 梳理用户需求

深度挖掘用户需求的时候，VOC 调查方法（voice of customer）不可或缺，这是一种面向多个用户或市场，以同样的提问内容进行问卷调查，将需求和具体的产品规格联系起来的调查方法（见图 2-10）。

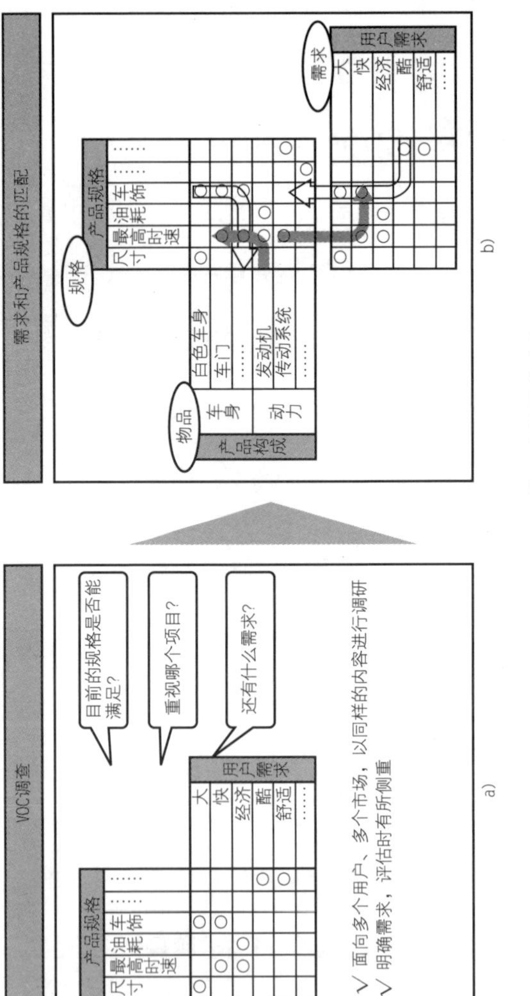


图 2-10 用 VOC 梳理出的需求变化

比如，针对“需要大型车辆”“需要速度快的车”这种需求，什么样的产品规格能满足用户呢？“大车”是指车的高度，还是车的宽度，还是车能容纳的人数呢？“快”是指时速还是加速性能呢？明确了这些细节之后，设计出问卷调查的内容，这就是 VOC 调查的准备工作。

通过 VOC 调查明确了用户的需求之后，将这些需求和具体的产品规格结合起来的方法叫质量功能分解（Quality Function Deployment，QFD）。简单说就是将用户的需求、产品的规格，以及为实现这些所需的产品构成和功能用矩阵的方式进行梳理的手法。

QFD 本身是一个很常见的工具，但能充分发挥其价值的企业很少见。如果能彻底利用 QFD，就能把用户的需求与企业的研发资源联系起来。这是流程可视化的第一步。

例如，购车的用户提出“速度快的车”“经济型轿车”这种需求的时候，什么样的车能满足他们呢？可以举“最高时速”“油耗”等参数，而实现“最高时速”“油耗”的产品构成则需要“发动机”“传动系统”等组合。

正如图 2-10b）中的箭头所示，可以先从用户需求着手，想好怎样的产品规格能满足其需求，之后再明确满足这些需求的产品构成。

为了易于理解，可以用简化图进行说明。图 2-10 中的各个项目在实际应用当中会被梳理出成百上千条需求，打印出来的话能贴一面墙，信息量极大。在这方面认真实现可视化的企业，盈利能力就强，能持续盈利。相反，虽然知道 QFD，但带着“QFD 有意义吗”这种疑问，而不积极梳理工作的企业，往往依靠的是高层的直觉，它们很难摆脱糊涂账，这类企业通常是不赚钱的。

## 产品导向和需求导向

在了解用户需求的市场分析阶段，由于这时主要针对潜在用户实施访谈或市场调查，因此，VOC 或产品导向矩阵非常有效。然而，想要从无到有推出一个新事物，市场分析就不一定有什么帮助，反倒像苹果公司那种“我们就想推出这样的商品”的执念或许更有价值。因为在一些场合，需要彻底向“产品导向”发出挑战，否则很难带来创新。

“用户的声音”在优化已有的商品或服务时非常重要，而从无到有进行创新的时候，更多地需要精确掌握用户需求，寻找突破的线索。

现实当中比较多见的是，研发侧重于单纯的功能提升。比如，数码相机当然是像素越高越能拍出精美的照片，从 200 万像素提高到 1 200 万像素的话，画质的改善是显而易见的。而如今 2 000 万～ 3 000 万像素几乎成为相机的标准配置，因此，智能手机的摄像头达到 1 200 万像素的也不少，超过这个像素，用 A4 纸打印出来则无法区分其差异。可以说，对一般消费者来说，这是过度设计。

那些属于“值得拥有”范畴的商品，大多在性能上超过了“必须拥有”的商品，但是，其各项性能是否如实反映了用户的需求呢？比如，液晶电视的画质越来越清晰，尺寸越来越大，但一旦超过某个界限之后，人的肉眼是无法区分优劣的。这一部分的设计需要聆听市场的反馈，而不应遵循“能够实现（某种功能），所以生产”的产品导向。

## 用户需求的优先顺序

企业在梳理好用户需求之后，通过 QFD 的需求、规格矩阵将之与产品规格联系起来，同时分析竞品的规格。根据这三个要素，再探讨本企业应该注重的产品规格。图 2-11 中的工作就相当于图 2-8 的④，即评估需求的附加价值。

在图 2-11 的折线图中，居中的直线代表本企业的产品规格。比如，椭圆部分①（规格 1）当中，VOC 处于本企业产品规格的右侧，这表明用户比较重视这个产品规格，对目前的产品规格不太满意。虽然竞品的产品规格也没能满足用户需求，但和本企业的产品相比，更接近用户需求。也就是说，对当前企业而言，这个规格应该尽快予以强化。

椭圆部分②（规格 4）竞品的规格很出色，但用户并没有多么重视。这时候，企业应该怎么做呢？赶超竞争对手还是舍弃这部分业务，在其他地方超过竞争对手？如何做不同于竞争对手的事情，是差异化的具体过程。

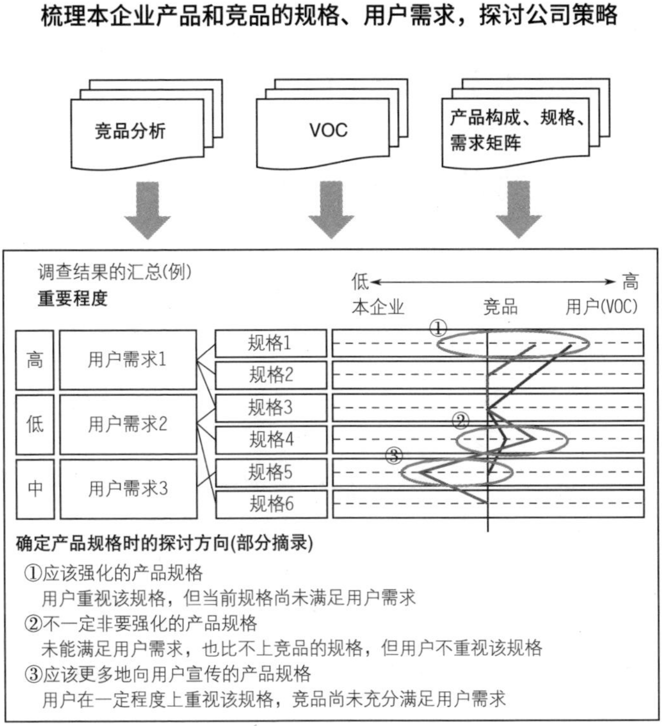

**梳理本企业产品和竞品的规格、用户需求，探讨公司策略**



图 2-11　评估需求的附加价值

椭圆部分③（规格 5）表示本企业的产品规格完全满足用户的需求，但竞品尚未充分满足用户需求。那么，企业需要加大力度向用户进行宣传。

## 有所侧重有助于突显产品的魅力

### “拉面二郎”“大雄”被大众喜欢的理由

比较重要的一点是，哪个规格要强化，哪个规格可以舍弃，企业应该有所侧重。日本企业比较多见的是不偏不倚地加强所有的产品规格，而其中一些产品规格，用户需求没有达到那个高度，是否需要花同样的成本去加强呢？企业有必要认真思考这一点。

在所有方面提高精度当然和工程师们近乎与生俱来的欲望有关，但在谁都不会意识到的地方花费精力，谋求整体的最佳效果有没有必要呢？

日本制造（Made in Japan）曾经是高品质的代名词，但如今消费者对日本制造的评价也不都是好评。比如在家电行业，品质稳定、功能多样虽然是好事，但按键太多使人无所适从、界面太复杂、不够智能等反馈比较普遍。以电视遥控为代表，几乎用不上的功能有很多，这反倒会让消费者搞不懂产品的卖点在哪里。

之所以变成多功能，归根结底是因为无法放弃的功能太多。这就像是把叉烧、鸡蛋、海苔、笋条都堆到一起的“全套拉面”，一般人或许觉得很赚，但是仍然抵不过盛满豆芽、圆白菜的“拉面二郎”的视觉冲击。从配菜成本比较的话，豆芽、圆白菜的成本绝对便宜，而且烫一下就能吃，但它们单点突破的模式还是让人感觉干净利落。

所有产品规格都在平均分以上，意味着没有可以特别向消费者倾诉的卖点。

例如，丰田公司雷克萨斯的最高配车型 LS 的竞品是奔驰公司的 S 系或宝马公司的 7 系。相比之下，LS 车系很明显在功能方面优于竞品：价格较便宜，很少发生故障。买车的人估计也都心知肚明，但是 LS 车系在销量方面却不敌 S 系或 7 系。尽管我们可以将其归结为“品牌力不同”，但细细想来，LS 车系的综合分虽然很高，但总体上没有突出的亮点，像极了优等生这一点恰恰是问题的根源。

在动画片《哆啦 A 梦》里，野比伸太（大雄）和出木杉英才经常在班里进行对决。出木杉同学长得很帅，性格温和，学习成绩优秀，体育也好，简直是“科科满分”的万能型人才。至于大雄，则是没骨气、经常被人欺负的类型，他学习成绩不好，既不像胖虎那样能打架，也不像小夫那样有钱。他很珍惜自己，一有问题就找哆啦A梦帮忙，但关键时候他会为别人的事情全力以赴。在该作品中，长大后获得静香芳心的是大雄，他是有很多缺点，但正因为他不完美，所以被人疼爱。

法拉利、玛莎拉蒂、兰博基尼等意大利豪华车容易发生故障，价格也很高，但它们都以设计、质感、引擎轰鸣声等让人折服。高端车辆属于兴趣爱好的范畴，综合分的高低其实没有太大关系。有没有足以弥补缺陷的感性魅力才是关键。“科科满分”的优等生在班里的存在感并不强，而且，让人感到意外的是，他们不大能吸引异性。

## 应该意识到“无法抛弃的恐惧”

有所侧重意味着需要区分应舍弃的部分和应强化的部分。比如，并不追求“科科满分”，而是任由某些部分保持在1分的状态，不再投入成本，但决定了在哪些领域决一胜负的话，全线投入，甚至加倍投入。将企业在1分或2分领域节省下来的成本集中投入决定强化的领域，让任何人都能看到你们在强化什么。我们要的就是这种决断。

例如，以“天天低价”著称的沃尔玛公司，店里陈列的一般都是大品牌的通用商品，品类并不全。也就是说，店内商品品质尚可的居多，但价格确实很便宜。店内的服务基本等于零。这方面是店方有意为之的，它们专注于提供价优物美的商品，而消费者也接受这一点，因此一般不会抱怨服务。

另一方面，为富裕阶层提供服务的高级超市美国全食超市（Whole Foods Market）针对消费者对健康食品的需求，凭借专注销售有机食品一跃成名，它们还对熟食产品加大开发力度。该店商品价格虽然比较高，但消费者以此来得到放心安全的感觉和细致的服务。

总之，必须认真探讨企业应舍弃什么，强化什么，哪些领域将决定企业的胜负，必须有所侧重，否则会被众多竞品埋没。日本企业或许一直都知道舍弃的恐惧，今后还必须意识到不及时舍弃而被埋没其中的恐惧。

## 用 QFD 实现流程可视化

### 将上游部分一以贯之

正如前文提到的，QFD 不仅包括联结用户需求和产品规格的“需求 – 规格矩阵”，还包括联结产品规格和产品功能的“规格 – 功能矩阵”、联结产品功能和产品构成的“功能 – 构成矩阵”。将这三个部分用矩阵联结起来之后，上游部分就可以一以贯之，实现“流程的可视化”（见图 2-12）。

其实，在个人层面，众多工程师、策划专业人士带着流程可视化的问题意识，从事着这方面的具体工作，但在集体层面，能够持续致力于流程可视化的并不多见。这就是问题所在。

为导入 QFD 系统，大型 IT 企业推出了产品生命周期管理（PLM）工具等，但引入 IT 技术并不等于能立刻实现 QFD。相反，即便不依赖大型系统，只要有干劲，用 Excel 等也能解决问题，纵观公司内部，大家或许能发现不少在自行摸索的员工。

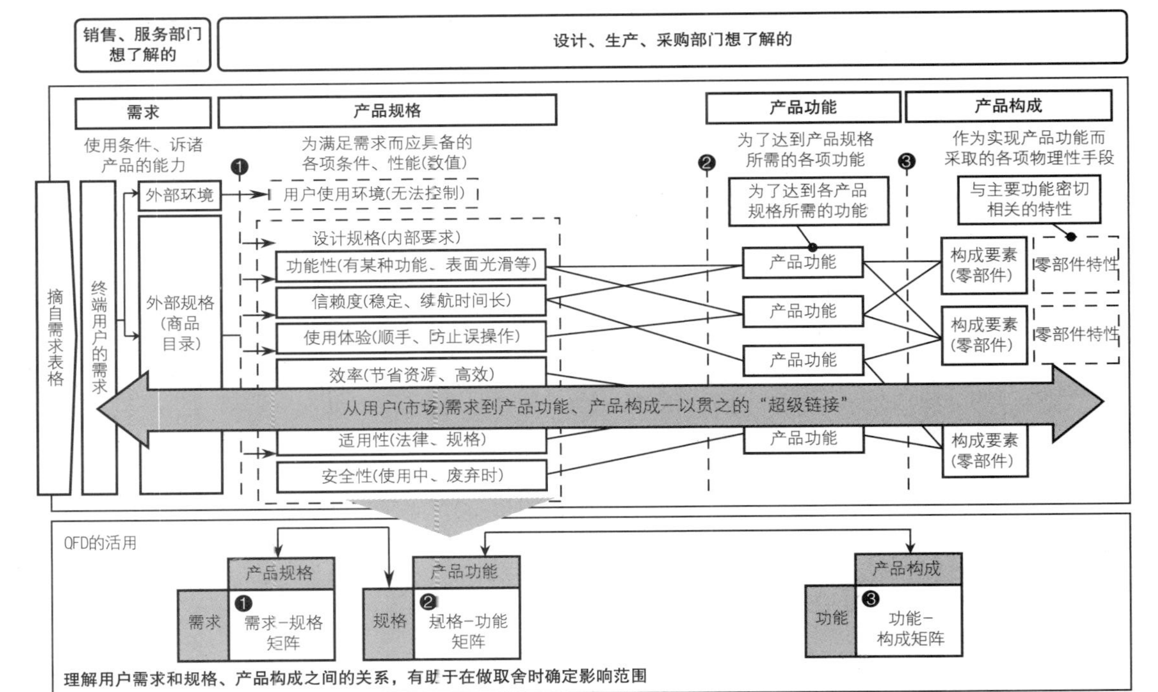


图 2-12　跨越部门之间壁障的联结

## 被轻视的管理功能

在第一章，笔者把日本企业比喻成不断加盖楼房的温泉旅馆，随着企业规模的扩大，缝缝补补的地方会增加，细分各个部门的功能在所难免。划分部门之后，各部门自行管理，导致企业整体管理难度增加。特别是在制造业具备优势的日本企业，从事研发、设计的部门比较强势，很多企业没能及时将这些部门和其他部门联系起来进行中长期管理。

企业的领军人才有时会被调到设计和研发部门，但是几乎没有哪个部门会将设计和研发部门连同其他部门一起进行管理。比如，管理生产一线的“生产管理部”很多，但管理其上游部分的“研发、设计管理部”，或许是我孤陋寡闻，我至今没有听说过。

实际上，设计和研发关系到一大半成本的走向，但竟然没有人管理这个部门，实在是不可思议。总之，继续举温泉旅馆的例子，温泉旅馆本馆有馆长，新馆和别馆也分别有馆长，将这几个馆串起来进行整体管理，似乎是比较难的一件事。

一般来说，新馆、别馆都有比较完善的管理体制，每个单位都有凭证和票据，一般用 Excel 进行管理。然而，没有人将这些统合起来管理。追求部门最优化的结构虽然存在，但与整体最优化往往还有很大的距离。因此，有必要将本馆、新馆、别馆全部联系起来，实现“可视化”。

## 给匠人们进行会计培训

如果没人管理整体情况的话，会出现哪些问题呢？比如，大众汽车后车座上方把手总共只有三种，而日本的大型车企，光是把手就有几十种。其实，只要把手手感不至于太差，几乎没人会在意。

对于这种对客户来说没有太大价值的零部件，长期以来追求先进模块化的大众汽车公司做了一些妥协，将零部件的品类锁定到最小范围内，如同搭建乐高玩具那样，将有限的模块进行组合，拼接成汽车，它们常年在积累这方面的技术。

而日本的车企追求匠人精神，拘泥于手握时的触感或质感等，每次新车上市都会设计不同的把手。从制作好产品的角度来说，这无可厚非，但显而易见的是，三个备选零部件和几十个备选零部件相比，成本优势一目了然。

喜欢制作的工程师做什么东西都要做得精致。为此，某厂家面向全体员工进行了会计培训。一般来说，大家对销售额、总成本、制造成本之间的关系应该有所了解，但厂家花了几年时间才教会大家读懂财务三表[①]，教会大家判断哪个项目在何种情况下会受到何种影响。

于是，员工具备了不同于以往的意识，比如，在必要的功能之外，做得太精致其实没有太大意义，类似的零部件集约处理能减少成本等。对于专注于制造的匠人来说，很多人潜意识里认为“企业是否赚钱与我无关”，企业可以通过长时间的培训进行意识改革，将制造的力量和盈利能力联动起来，改变这种潜意识。

## “通用设计”成为隐性成本的温床

为了实现“流程可视化”，有必要将 QFD 等活动作为显

① 资产负债表、利润表、资金流量表。——译者注

性知识在公司内部不断积累。否则，一些经验容易变成随机应变的直觉判断，很难被后来的人继承。

例如，厂家经常进行“通用设计”，这时一般沿用过去在类似项目上使用过的图纸。笔者并不反对这种做法，因为这比每次重新设计更加高效，而且由于基于过去的实际经验，质量会更加稳定。然而，如果不假思索地沿用过去的设计方案，久而久之，很多人会麻木，说不清楚为什么这么做，为什么需要那么多的工时等。

这批即将退休的专业水平高的员工还在第一线活跃的时候（他们 30 岁左右时），一个人可以决策的范围比现在广多了，图纸一般装在每个人的头脑当中。然而，匠人的技术容易走向暗箱，难以传承。作为后辈的 40 岁～ 50 岁这个年龄段内的员工，多数通过通用设计的方式学到了一点点经验，但他们并不清楚前辈们基于什么思路选择了这样的设计方案，40 岁以下的年轻人对此更是知之甚少。

所以，即便发现了瑕疵，企业无人能应付的情况时有发生。而这种隐性知识意外地包含着不少成本，因此，有必要将其变成显性知识，变成可以追溯的东西。从这个意义而言，

QFD 有助于实现“流程可视化”。

对于工程师们来说，生产是他们很喜欢的领域，但要让他们管理生产，很多人会摇头。他们对于提高技艺很感兴趣，但让他们将技艺用一种别人也能看得见的方式表现出来的时候，他们认为那是浪费时间，很少有人觉得那样做有意义。因此，作为一个组织，有必要有意识地引导大家努力做到“流程可视化”。

尽管跳槽的人比以往增加了不少，但日本劳动力市场的流动性依然比较低，团队的同质化依然很严重。目前的员工很少有人会离职，从企业外部加入的人才也比较少，因此，很多经验不需要一一说明，职工之间也能心有灵犀，久而久之，隐性知识越来越多。

而在美国、中国的制造行业，考虑到人员流动，往往从一开始就要进行系统化操作，否则，业务的延续性会受到影响。此外，为了排除人为因素，达到让谁来做都一样的效果，不可避免地要将知识和经验写在手册里。

“流程可视化”在欧美并不成问题，这是因为它们一开始就已经做到这一点了，与日本企业相比，它们从起始点开始就不一样。笔者每每与日本厂家的技术人员交流后，都对他们的专业精神、追求品质的情怀深深打动，但若是无法战胜对手，豪情壮志其实没有多大意义。

## 故障的预防

QFD 并不是实施一次就万事大吉，随着产品的升级换代，QFD 也可以作为记录和管理这个变化过程的有效工具。当产品构成有所变化、功能有变更的时候，将每一次实践作为履历留下记录，不仅能够避免这些经验和知识变成隐性知识，还能将其应用到下一个产品上。

我们不难想象，与十年来没有任何记录就实施升级换代的产品相比，每一次都记录变更点、追溯原有技术如何应用到下一个产品上，其发展潜力完全不同。这种不起眼的积累最终会体现在企业的盈利能力上。

如图 2-13 所示，它表现了失效模式与影响分析（FMEA）在预防故障方面的作用。通过 QFD 筛选出变更点，企业将变更过的零部件作为关键词，检索故障原因类型，掌握可能产

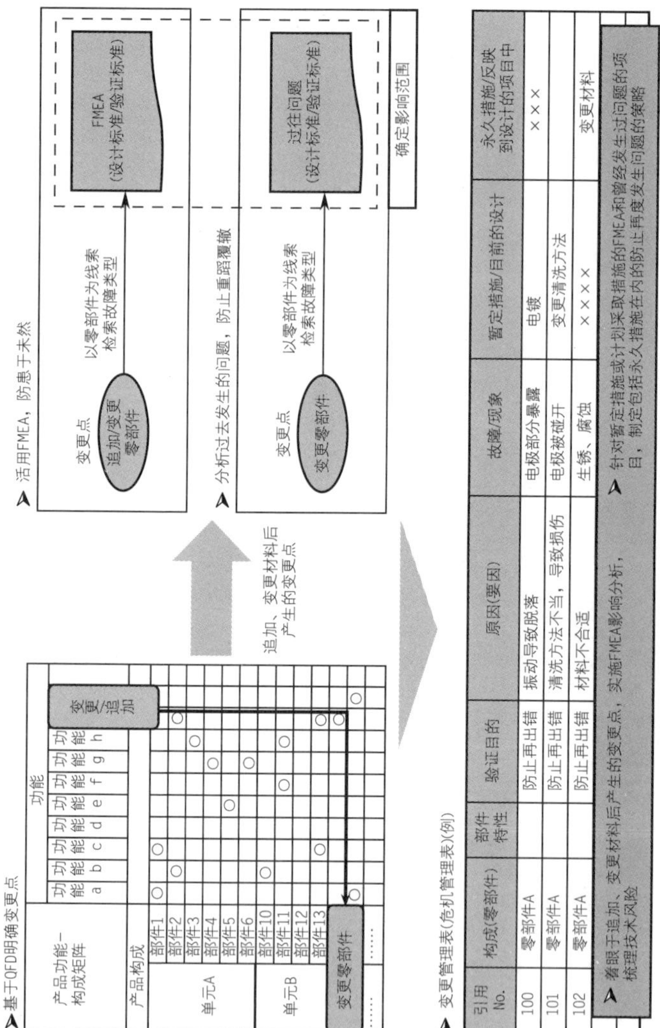


图 2-13　FMEA 预防故障示例

生的风险，事先防止问题发生，或者检索过去发生的问题，探讨如何防止类似问题再度发生，这些是预防故障发生的方法。

何为 FMEA？简言之就是在明确了解零部件和功能之间的关系后，提前预测某个功能容易出现的问题（故障类型），提前准备预案。以此为出发点，反复实施 PDCA，防止问题再度发生的效率会大大提高（见图 2-14）。

## 如何分配研发相关资源

QFD 矩阵是一种将科学因素导入研发过程，协助合理决策的工具。QFD 做得好，不仅有助于审视上游部分，还有助于进行更长期的经营决策。

为此，最初的切入点不应该限定在用户需求上，而应该放眼社会需求。如果使用 PEST 分析法，例如在分析汽车行业时，我们能看到产品向电动汽车方向转换，环保性能提高，自动驾驶、共享汽车服务等成为大趋势。

为了满足这些社会需求，应该思考提供哪些功能比较好。例如，如果企业认为“发生碰撞后的安全性”“耐久性”等

预防故障发生时，需要在明确零部件和产品功能之间的关系后，按照不同的功能梳理出可能发生的故障类型

**功能模块图**

将零部件和功能的关系可视化(例)

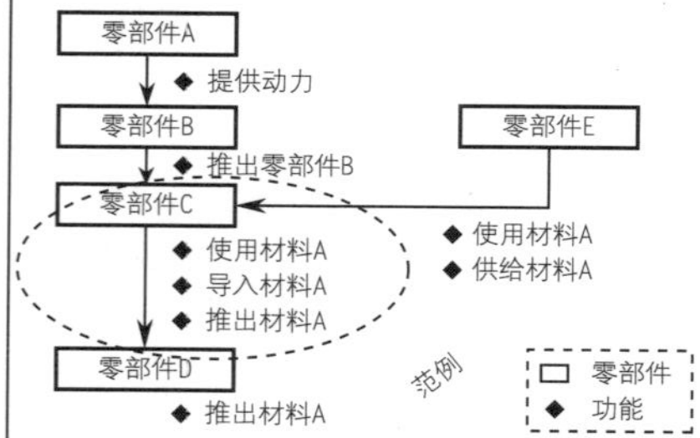

零部件A
◆ 提供动力
零部件B
◆ 推出零部件B
零部件C
◆ 使用材料A
◆ 导入材料A
◆ 推出材料A
零部件D
◆ 推出材料A
零部件E
◆ 使用材料A
◆ 供给材料A
范例
□ 零部件
◆ 功能

➤ 锁定有变更点的范围

×

**故障类型一览表**

一般性故障类型一览(例)

| 故障类型 | 关键词、原因 |
|---|---|
| 龟裂 | 受到冲击或外力干涉，导致破损、强度降低 |
| 松弛 | 受外力影响导致张力降低，衔接面不平 |
| 变形 | 受热变形、磨损变形、受潮变形 |
| 堵塞 | 异物导致堵塞、液体凝固导致堵塞 |
| 磨损 | 反复转动导致磨损、外力干涉产生磨损 |
| 凝固 | 结冰导致凝固、因腐蚀而凝固 |
| …… | …… |

➤ 将影响功能发挥的原因从故障类型中筛选出来

FMEA(基于故障类型进行解析，探讨如何防患于未然)

| 生产单元 | 零部件 | 功能 | 故障类型 | 故障发生原因 | 引发的后果 | 判断异常的方法 |
|---|---|---|---|---|---|---|
| 生产单元A | 零部件C | 使用材料A | 有材料残余 | 材料A的凝固(干燥) | 不良产品(缺陷、污渍) | 污渍、不顺畅 |
| | 零部件C | 推出材料A | 混入异物 | 混入灰尘等异物 | 不良产品(缺陷、污渍) | 不顺畅 |
| | 零部件C | 导入材料A | 混入气泡 | 补充材料A时振动或搅拌 | 不良产品(缺陷) | 不顺畅 |

图 2-14　基于 FMEA 预防故障发生的探讨事项

功能比较重要，为了实现这些功能，企业需要梳理自身所能提供的材料、零部件都有哪些。如果本企业是合成塑料厂家，那么应该能列出满足“吸收冲击效果好”“耐磨”“耐热”“耐油”等功能的橡胶材料。

此外，还要梳理本企业在制造那些材料、零部件方面拥有哪些技术。比如，分子设计技术、重合控制技术、稳定制造技术等技术当中，本企业能在哪些技术上发挥优势？让企业感到力不从心的是哪些领域？大致明确上述情况之后，再探讨本公司研发的课题是什么，哪些部分要与外部单位合作，与研发相关的资源如何分配，等等。通过开放式创新，有一些课题能得到解决，有一些则需要做出决策，通过并购的方式购买相关技术（见图 2-15）。

**运用 QFD 调研方法，将研发资源和目标需求进行联结（可视化）**

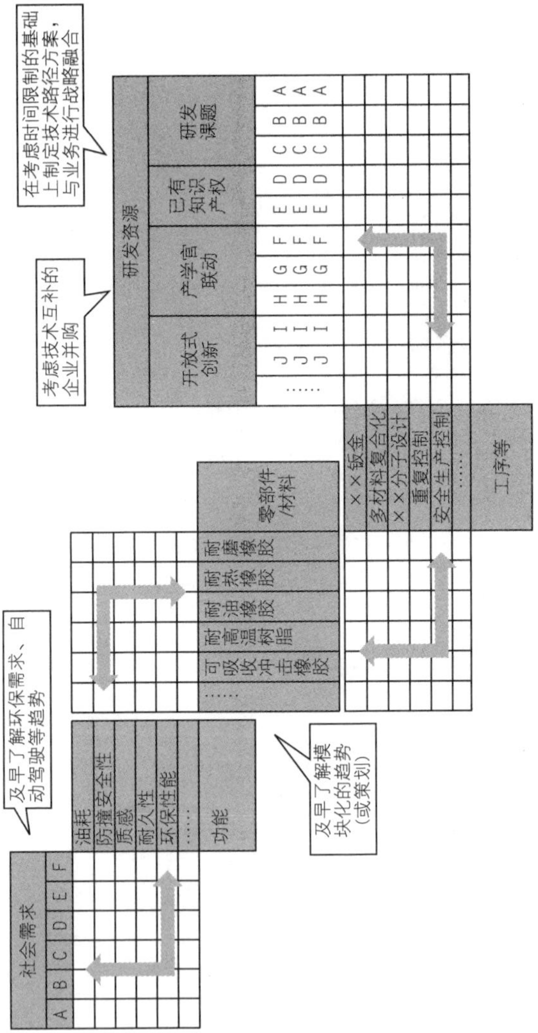

社会需求
A B C D E F
及早了解环保需求、自动驾驶等趋势
油耗
防撞安全性
质感
耐久性
环保性能
……
功能
及早了解模块化的趋势（或策划）
……
可吸收冲击橡胶
耐高温树脂
耐油橡胶
耐热橡胶
耐磨橡胶
零部件/材料
××钣金
多材料复合化
××分子设计
重复控制
安全生产控制
……
工序等
考虑技术互补的企业并购
在考虑时间限制的基础上制定技术路径方案，与业务进行战略融合
研发资源
开放式创新
产学官联动
已有知识产权
研发课题
…… J I H G F E D C B A
…… J I H G F E D C B A
…… J I H G F E D C B A

图 2-15　QFD 调研方法

# 通过外包来聚焦本公司的优势

## 矩阵助力思考

对于制造型企业来说，今后将哪些业务继续留在本企业，将哪些业务外包，是特别重要的决策内容。在这方面判断失误的话，要么导致核心技术流失，企业业务衰退，要么因为什么都想借助自己的力量来实现，而导致无法追赶外国企业发展的速度。

我们来了解生产方面的情况。当企业拥有加工、成型、锻造、组装等工序的时候，我们建议通过四个象限的矩阵（见图 2-16）来了解核心技术和非核心技术，在质量（Quality）、成本（Cost）、交货期和采购（Delivery）等方面比较本企业和其他企业的优势等。

如图 2-16 所示，如果在矩阵当中，位于左上角的本企业核心技术在 QCD 方面更有优势的话，该产品应该留在企业内制造。而右下角的非核心技术，如果其他企业的 QCD 优于本企业的话，不如逐步外包。

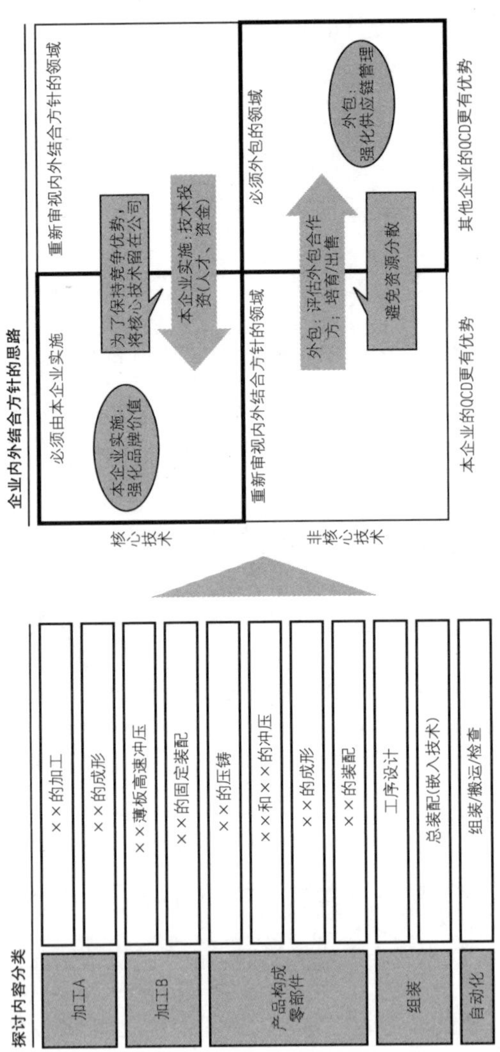


图 2-16 判断将哪些业务留在企业内部，哪些外包

问题在于右上角的核心技术，其他企业比本企业更有优势的时候，以及左下角的非核心技术，本企业优于其他企业的情况如何处理？如果单从成本角度来判断某项业务是留在本企业还是外包，左下角的情况当然要留在企业内，但是，如果本企业的资源有限，与其在非核心技术上投入人力、财力，不如将资源集中到核心技术上来加强竞争力。即工序使用核心技术时向左侧倾斜，使用非核心技术时向右侧倾斜，这样能集中资源，有利于发挥本企业的优势。

## 可以考虑全部外包

举个极端的例子，通过矩阵深入了解本企业优劣势之后，或许会得出一个结论，就是本企业制造部门拥有的全都是“非核心技术”。这时，把制造部门全部外包，企业转型成设计和研发公司也是一个选择。例如，苹果公司就专注于上游的设计和下游的销售、服务，没有从事生产。

相反，如果认为本企业掌握的都是核心技术，而且具有竞争优势，当然是由本企业来承担产品策划、研发、生产、销售等一系列工作。

然而，单从成本角度来看，图 2-16 的左下角相关业务能获得收益，因此在提出“这些都是非核心技术，干脆外包吧”的时候，企业内部很多既得利益者可能会变成阻碍势力来主张“这些是核心技术，不能外包”。

不分轻重，将业务全部留在本企业的想法是存在问题的。要知道，对于不产生附加价值的非核心技术，投入再大的资源也无法带来盈利，而将人力、资金平均分配的话，又无法实现差异化。而且在图 2-16 右侧的领域，竞争对手们或许在不断扩大规模，力图在成本上占据优势。如果情况属实，那么与其和对手展开竞争，不如以较低的成本将对手加以利用，可能更有利于企业生存。

## 用设计结构矩阵实现流程顺序的最优化

与 QFD 矩阵齐名的另一个“流程可视化”工具是设计结构矩阵（DSM）。简而言之，这是一种梳理设计工序的流程，也是一种尽量减少返工的分析工具。这个工具对于在厂家工作的理工科人士来说，应该是耳熟能详的，但实际上几乎没人认真使用过这个工具。

图 2-17a）中，A、B、C……代表的是“设计 ××”“探讨 ××”“决定 ×× 规格”等具体业务的顺序。黑点代表的是依赖关系，比如 B 工序受到 A、G、J 三个工序的影响。那么，如果按照 A—B—C……的顺序推进，由于 G 和 J 两个工序是 B 工序的前提，B 工序也许需要返工，可见 B 工序应该安排在靠后的位置。

也就是说，如果黑点在矩阵对角线上方，会有返工的风险，此时应该将其调整到对角线以下。重新排列的结果如图 2-17b) 所示 A—C—D—F—J—G—B……如果实在无法将工序调整到对角线以下，参与 J、G、B 三个工序的人员可以聚到一起进行讨论和协调，以寻求平衡点。

在生产一线实施 DSM 的时候，将有“几百行 × 几百列”的大量信息出现，有关人员应该一个一个探讨，并将其反映到改善流程的工作当中。否则，各处发生返工的话，企业所投入的时间、精力会更多。这些成本转而会反映到研发成本中，使商用化更加遥远。

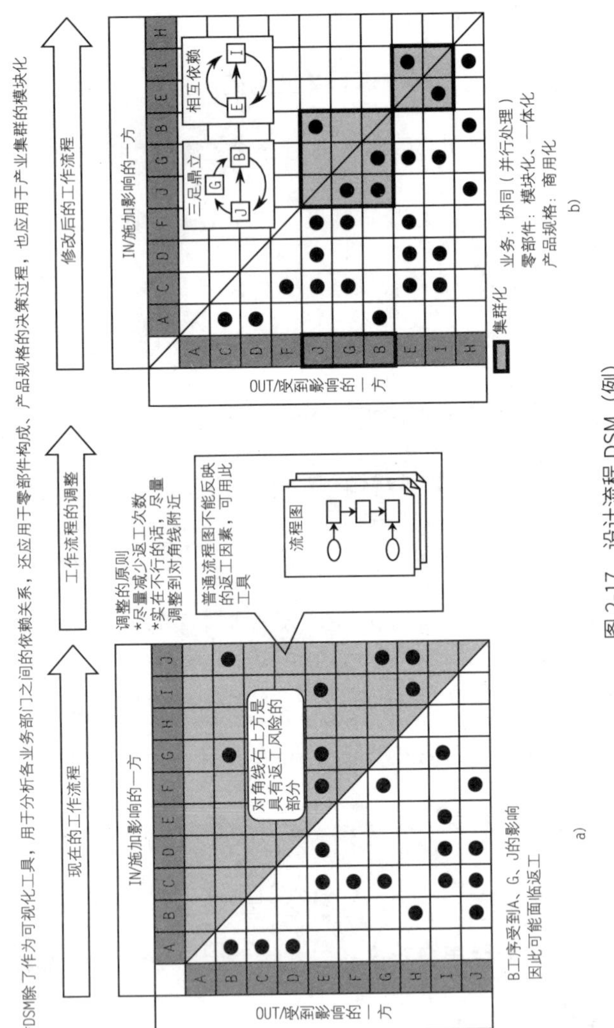


*DSM除了作为可视化工具，用于分析各业务部门之间的依赖关系，还应用于零部件构成、产品规格的决策过程，也应用于产业集群的模块化

图2-17 设计流程DSM（例）

而且，出现返工意味着产品规格不合适，为此必然要在某些地方调整产品规格，这最终会影响原材料成本。因此，为了尽量减少返工，使流程更加顺畅，有必要加强“整流化”[①]。DSM 就是具体方法。

作为参考，这里介绍一家电磁阀公司实施 DSM 的案例（见图 2-18）。尽管这是非常简略的版本，但从中可以看出，调整设计顺序就能明显减少返工现象。

## 跨越部门之间隔阂的“链接”

### 物联网不是魔法棒

正如前文所述，QFD、DSM 这两个工具主要用于实现和强化制造业上游部分的可视化。在笔者向制造型企业提供咨询的时候，经常采用包括这两个工具在内的各种手段推进企业改革。通过贯彻“流程可视化”，对盈利结构进行重组，可以增强企业的盈利能力。

---

① 促使工厂的物料、信息毫无阻碍地流动的管理方法，是丰田生产方式的核心概念之一。——译者注

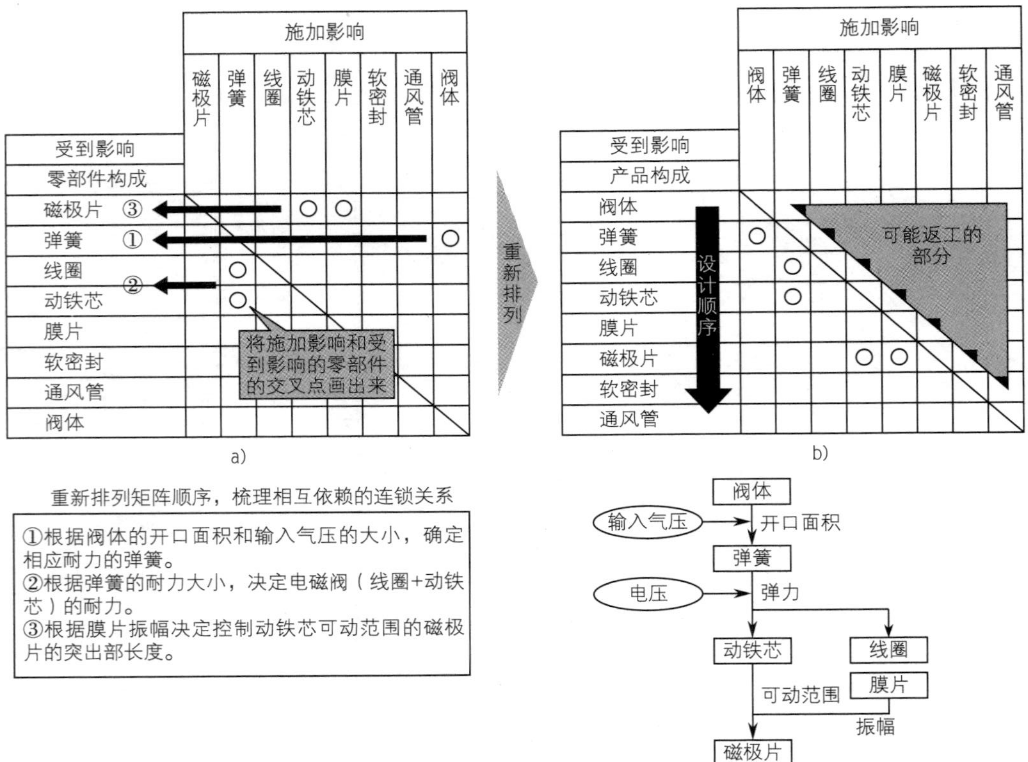


图 2-18　电磁阀公司的 DSM 实施案例

虽然笔者见过一部分日本企业有一搭没一搭地推进表面的改善活动，但多数日本企业进行的看似非常琐碎的改善活动最终产生了本质的、可重复的竞争优势。特别是在产品生命周期缩短、需要快速研发新产品的当今社会，日本企业比以往更需要发挥“寻求平衡点”的力量，而 QFD、DSM 等工具能助企业一臂之力。

在人工智能、物联网时代，数据量虽然被视为决定胜负的重要因素，但是，如果没有及时处理数据的能力，即使数据再多也没有太大意义。伴随着物联网的发展，数据种类增加，信息的“颗粒”更加细小。人工智能虽然能在一定程度上协助处理数据，但仍不能在短时间内提升富有创意的策划能力、研发能力，带来创新。

而且，企业要面对经验丰富的技术人员退休、留给研发的时间缩短、产品系列增加、部门之间存在壁垒等大量问题。为了克服这些问题，企业需要综合的组织能力，而 QFD、DSM 等看似琐碎的工作其实非常有助于提高组织能力。

笔者参加美国的一个会议时，参会的某企业高管告诉我，该企业收集的 90% 以上的内部数据是没有太大价值的。毋庸置疑，企业应该先搞清楚它的经营课题、约束它发展的瓶颈。

重要的是，带着“做什么事、怎么做”的逻辑框架收集信息。没有逻辑框架的情况下，认为通过物联网收集到的很多数据能解决任何问题的想法是错误的。活用物联网其实需要经营者做大量的决策和数据解析工作。要知道，物联网并不是童话里无所不能的“魔法棒”。

## 在设计和制造之间寻求平衡点

正如图 2-11 所示，QFD 实现的可视化其实是用户需求和产品构成一以贯之的“超级链接”。

在一个巨大的组织里，设计、生产、销售、品质保证部门细分成不同的功能单元，它们之间基本没有横向联系。它们各自推进各自的事情，部门之间寻求平衡点的情况很少。这让我深感意外，但这就是现状（见图 2-19）。

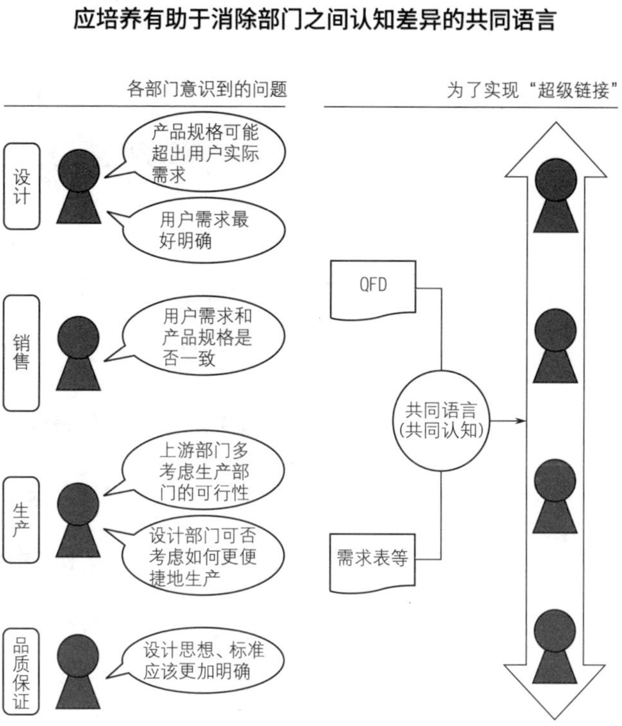

图 2-19　“超级链接”的关键是共同语言

从事研发、决定产品规格的同事，和销售、服务部门的同事，由于背景不同，很多情况下彼此的关系并不融洽，所以将各个部门联系起来不是一件简单的事情。正因为如此，为了打破部门间的隔阂，可以使用“需求表”“QFD 矩阵”等作为“共同语言”，并增加面对面交流的机会。

QFD 乍一看有点复杂，涵盖了所有需求、规格、零部件、功能、资源。其实，以此为起点，各部门可以共享信息，拥有共同的认识，这就是组织的力量，处理数据的能力也就是策划能力。

事实上，很多企业在尚未考虑好现有设备能否将某个产品按某种顺序以某种成本制造出来的情况下，一味地进行构思设计、详细设计，直到实际投产前才给生产部门提供与试生产和量产相关的设计信息。这是垂直管理的弊端，由于很多部门闭门造车，当其他部门“传水桶”似的递过来“水桶”之后，它们才会去想“该怎么办呢”，这种情形真的不少。

企业规模小的时候，设计部门和生产部门的人全都在工厂，可以共同商议决定一些事情。然而，企业规模变大之后，横跨各部门的“大部屋会议”[①]很难召开。设计部门和生产部门在不同地方办公是原因之一。

---

①“大部屋”即大房间，在日语里读作 Obeya。大部屋会议是日本传统文化中用于去除部门之间隔阂、帮助不同部门的管理人员解决跨部门问题的管理方式之一。——译者注

如果都在一处办公，午餐时间或擦肩而过的时候还能有一些交流，沟通还算比较容易，一旦物理上隔开距离，相互之间很少会有交流。或许读者会说，距离远的话可以通过视频会议交流，但据我所知，即便是 24 小时开着视频会议系统的企业，部门之间的沟通仍旧比较少。

为此，位于京都的某细分领域世界领军企业决定将设计部门和管理部门从京都市内搬到位于其他地区的工厂中。它们在厂区内建了新的办公楼，全体员工都在那里集体办公。这种做法看似有点武断，但该企业正是因为采取了这样的做法才改善了垂直部门之间缺乏沟通的问题。

越是不盈利的公司，越容易在设计、研发和生产部门之间出现沟通障碍，这样的例子很多。生产什么样的产品，如何进行差异化，如何发挥成本优势，如果无法系统地解决这些问题，没有盈利就不足为奇了。正因为如此，贯穿相关部门的工程链管理就越发重要。

总之，“可视化 2.0”是流程可视化。毫无疑问，一线执行团队寻求平衡点、持续不断改善品质的努力、希望提供更好的产品的心情，这一切支撑了日本制造业的发展。但与此同时，随着企业规模的扩大，流程越来越复杂，整体情况越来越不好掌控，过度强调技术导致很多人连企业自身的情况都搞不清楚，各种因素造成的问题随处可见，笔者在咨询一线目睹了太多类似的情况。

因此，不能再像以往那样试图以个体的持续努力来改变和联结整体，而应该站在整体优化的视角整合流程的可视化。也就是说，如何从系统和结构上将日本在制造方面的优势转变为盈利能力，才是可视化最本质的部分。

# 第三章　可视化3.0

## 盈利点可视化
## ——“服务模式化”和物联网

## "工业 4.0"的本质含义

### 物联网带来的两个影响

物联网给制造业带来的影响大致有两方面。一方面是提高生产一线的效率，也就是说基于对 QCD 的考量，将效率提高到超出以往水准的程度。另一方面是商业模式本身的大变革。以往的日本厂家更重视销售自产产品，而在今后的商业模式下，它们将更多地基于数据考量，与用户相联结，并由此产生新的附加价值，即转变为通过提供服务获利的商业模式。

在提高生产效率方面，最有名的是德国举国提倡的"工业 4.0"，它旨在通过物联网将各个工厂相联结，使大企业和中小企业紧密相连，从而大幅度提高生产效率。

就生产设备的自动化、高效化的意义而言，从导入蒸汽机的第一次工业革命开始，全球工业经历了以电力驱动传送带式生产线为主的第二次工业革命、导入工业机器人的第三次工业革命，以及通过物联网分享数据，增强行业间合作的第四次工业革命。“工业 4.0”就被称为第四次工业革命。

然而，日本汽车厂家却认为，它们通过大中小企业系列体制很早就完成了“工业 4.0”所追求的横向联系。实际上，日本生产设备的高效化确实已经达到一定的程度，很多人认为它们很难在这方面进行差异化。正因为如此，很多企业在实施“可视化 2.0”时，着眼于生产工序之前的工序，即上游部分（开发设计），进而追求流程的可视化。

必须指出的是，目前日本企业跨越企业集团体系或者跨行业携手的意识还很薄弱，比如，尽管成立了物联网推进联合体等组织，但尚未形成全国范围的合力。由此可见，日本企业多年来通过质量控制小组（QC 小组）、生产一线的改善等积累了解决生产一线问题的丰富经验，这种习惯根深蒂固。

## 在微笑曲线的哪个阶段产生盈利

德国的博世、西门子等企业的思路是综合各方优势，构筑一个集成系统，并以此为基础实现盈利，这完全属于自上而下型管理。比如，博世公司在世界各地同步推进 100 多个工业 4.0 相关试验性项目，希望通过项目之间数据的联动来实现生产效率的根本性提高。

只是它们也仅仅停留在设备运行时间的监控（几分钟重复一次生产工序）、预防和维护（预测出现故障的时间，建议在此之前进行维修）等常规的作业上。对于博世来说，这只是延续以往的日常工作而已，但从某种意义上来说，这种日常工作的积累才能带来巨大的财富。

虽然有了硬件方面的准备，但决策者不能改变思想，充分运用收集到的数据，所以收集数据没有多大意义。因此，将以往重视企业内部最优化、本部门最优化的思路 + 经验、直觉、勇气的做法，变更为横跨组织、横跨各业务单元 + 数据导向的做法，在企业改革中尤为重要。

而本章开头提到的通过提供服务获利的商业模式与关注价值链最上游的“可视化 2.0”正相反，它试图将下游的服务部门激活。那么，价值链的哪个部分能产生盈利呢？在微笑曲线中间部分的生产环节无法产生盈利的情况下，将下游的服务纳入盈利部门的队列当中，力图提供新的附加价值的做法就是“服务模式化”。图3-1就是“可视化3.0”的主要课题。

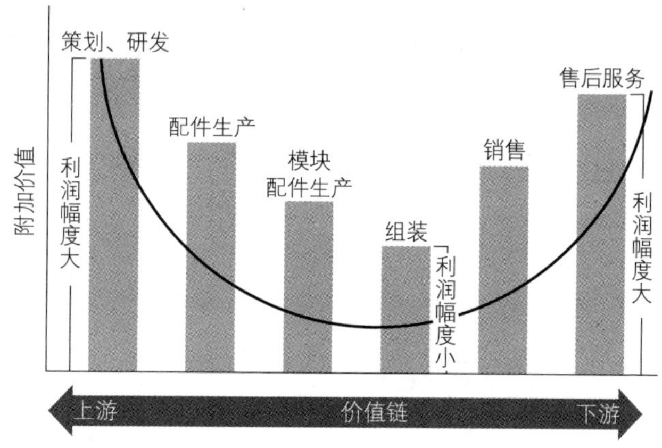


图3-1　厂家的微笑曲线

## 制造业逐步趋向服务模式化

制造业单单以“创”“作”“造”就形成闭环的时代即将结束，今后更要注重产品销售以后如何与收益挂钩。伴随着服务模式化、产品生命周期缩短等因素，以往那种“造多少卖多少”的一次性买卖模式无法继续带来盈利。

最容易理解服务模式化的案例是通用电气航空发动机的案例。通用电气在发动机的多个位置安装了传感器，以此来收集运行时间、损耗、震动等各类数据。它们除了将这些数据应用到下一个产品的开发中，还深入研究在哪种运行状态下油耗最少，并将其控制软件作为配套产品打包出售，从而为意大利航空节省了 1 500 万美元的燃油成本。诸如此类的案例很多。通用电气通过为客户提供新的价值，维持了民用航空发动机市场 60% 的份额。

它们没有采取一次性买卖模式，而是让用户使用它们提供的软件，这种模式不仅提高了服务品质，使其能继续增收，还提高了用户更换其竞争对手产品的转换成本。也就是说，提供新的附加价值，增加用户黏性的策略获得了成功。

德国空气压缩机厂家凯撒采取了更进一步的措施。它们并没有让客户购买它们的空压机，而是将设备免费放置到工厂，用户用多少压缩空气，就交多少钱的使用费，也就是说，它们提供的是压缩空气明码标价的服务。这种服务不同于一次性买卖模式，需要确保用户在任何时候都可以使用，因此需要单独监控各地使用中的机器、收集数据、分析需要维护的时间段等。

可见，无论是航空发动机还是空气压缩机，不仅仅要销售商品本身，而且还要让其油耗更少，做到用户随时都能使用，为此收取一定费用，用户是心服口服的，这种服务模式在制造业中的应用范围正在逐步扩大。

## 有必要从重视利润表转换为重视资产负债表

### 比起短期内卖了多少，长期合同更重要

在一次性买卖模式当中，所购设备需要计入资产，而在用多少付多少的合同模式下，其费用可以计入变动成本。也就是说，在公司报表中，财务负担较小也是用户容易接受服务模式化的一个原因。这个区别也促使服务提供方积极进行商业模式转型。也就是说，与其重视销量，更应该重视防止客户解约，努力签订长期合同，维持长期合作。

比较好理解的例子是手机等增加用户黏性的商业模式。在这种商业模式下，获客成本（Cost Per Acquisition，

CPA，即获得新用户的成本）以及与此相关的每用户平均收入（Average Revenue Per User，ARPU）这种签约用户每月平均使用的通信费比较重要。而为了实现每用户平均收入超出获客成本的目标，如何将解约率控制在一定范围内至关重要。

如果不把获客成本、每用户平均收入、解约率这三个指标作为绩效指标，促使员工努力追求比较好的业绩的话，企业很可能陷入亏损状态。会员制的线上媒体，或者很早就注重这些指标的运动俱乐部等就采用这种商业模式，这与以往的厂家销售模式在经营方法上完全不同。

在以往的一次性买卖模式下，重视成本、销量、盈利等利润表（认为销售额减去成本就是利润）至上的思路是成立的，然而，在服务模式下，单纯增加销售额的话，获客成本会急剧增加，导致短期内利润表数字趋于恶化，这是两难的事情。

而另一方面，想把短期的利润表做得漂亮的话，应该降低营销费用，将获客节奏放缓。但这样一来可能导致作为企业长期收益来源的用户数量明显减少。由于短期利益和长期利益是此消彼长的关系，因此，必须清醒地认识到公司经营的重心应该放在哪里，也就是说，需要判断对于公司来说，重要的是短期的利润表还是长期的资产负债表（B/S）（相当于用户资产的长期积累）。

## 有必要来一个“哥白尼式转折”

对于长年以利润表为重的日本厂家来说，想把注重销售和成本的思路转换为注重服务模式的思路，意味着需要“哥白尼式转折”[①]那样的大转变，门槛很高是毋庸置疑的。

比如，日本某货架厂家决定在商店陈列的每一件餐具上安装传感器，以便于收集各种数据从而增加附加价值。然而在实践过程中，由于没有把重点放在如何通过售后或维护服务挣钱，而是试图尽量抬高商品销售价格，最终没能跳出以往的思路。再比如复印机领域，其实厂家完全可以将复印机免费放到用户那里，根据复印的数量收取一定费用，然而长期以来，并没有多少企业朝着这个方向努力。

在以往的业务当中，以 B to B 为主的售后服务或客户维护部门大多被定位为成本中心。因此，大公司以安装工程或

① 哲学家罗伯特 · 布兰顿（Robert Brandom）关于推论实践的推理主义观点被誉为当代语言哲学中的哥白尼式转折。——编者注

现场服务很重要的名义，为这些部门单独成立子公司的先例比比皆是。由于它们压根就没有指望这些部门为公司挣钱，因此转换思路比较难，而且这些部门在公司内部的重要度也明显低于产品开发部门或生产部门。所以，服务部门既没有足够的权限，也没有能将服务部门变成盈利部门的相关人才。

但是，这样的现状必须改变。要知道，这些部门平时与用户的交集非常多，要避免那里大量的“宝藏”信息、经验被埋没。

## 家电领域中的广阔前景

生产冰箱、洗衣机的日本家电厂家已经有很大一部分实现了转型升级。某个厂家的领导者告诉笔者，冰箱市场的日活跃用户数（Daily Active User，DAU）能达到几千万人次。如果在冰箱上安装物联网传感器，每天都能知道冰箱里面有哪些东西被消费，从而帮助用户提高效率，无须借助类似亚马逊的购物按钮[①]，甚至用户都不需要知道“什么食材吃完

① Dash Button，提供一键下单服务。亚马逊的这种终端可贴在冰箱上，一键预定日常用品。——译者注

了”，冰箱就已经自动下订单了。而洗衣机同样拥有几千万的日活用户，如果能将这些家电反映的信息综合起来的话，或许能发现日本家庭某种共同的行为特征。

正因为如此，以亚马逊、谷歌、苹果为首的 IT 巨人们竞相参与家庭数据争夺战，为此陆续推出人工智能音箱。相比之下，家电厂家已经将产品渗透到各家各户，它们的产品每天都被用户使用着。如果能将与用户使用情况有关的数据充分活用，就能获得贴近日常生活的数据，而不需要像亚马逊、乐天那样只能通过用户的购买行为获取数据。家电厂家甚至可以考虑与亚马逊等企业联合，构筑用于自动补货的崭新系统。

曾经流行的互联网家电为用户提供了便利，让他们在外面也能用手机遥控空调，或者遥控启动电视机的录像功能，然而，这些功能并没有触及用户真正的痛点，而只提供了新的用法，这些新用法是不是用户真正想要的仍值得商榷。其实这些大多属于第二章提到的“值得拥有”范畴，并非“必须拥有”的功能，这是事实。

家庭日用品的补充是经常被用户忘记的比较烦琐的事情，

估计有很多用户希望有人代劳。这种代为解决烦琐问题的功能被用户接受的可能性就比较高。

当用户发现家里“×× 没了”以后，用户自己通过人工智能音箱下订单的感觉和冰箱、洗碗机、洗衣机自行判断家里缺什么，然后在网店购买食品或洗涤剂的做法相比，用户体验和便利性是不一样的。相信今后在解决用户真正的痛点方面将出现各种创意和分工协作。

总之，制造业从业者们应该多思考，如何从只负责生产和销售的思路中跳出来。谁能更早地实现服务模式化，谁就能占据有利地位，这是理所当然的。

## 日本企业在将物联网活用于运维方面行动迟缓

那么，日本企业在活用物联网技术方面的现状如何呢？“2016 年日本制造业白皮书”研究了日本企业在销售、运维、设计和开发、生产等领域使用物联网的情况，以“运用当中”作为 1 分，“其他答复”作为 0 分，统计了平均分。

如图 3-2 所示，日本企业在“3D 模拟器”（a）、“部门之

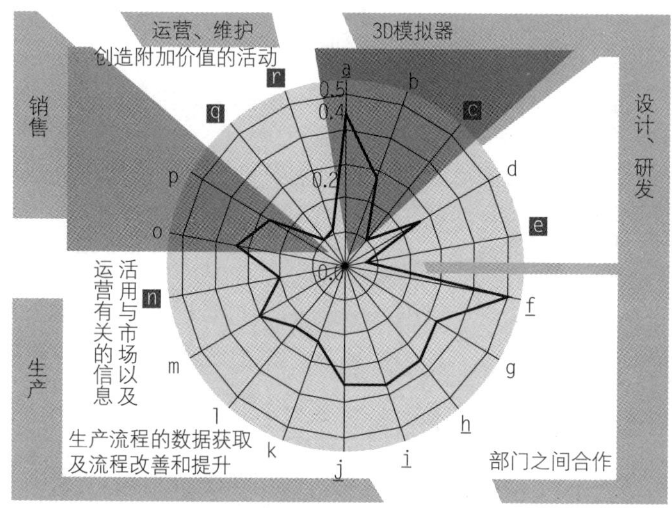


图 3-2 日本企业运用物联网情况概览

注：下画线表示得分在 0.35 以上的企业；灰色底代表不高于 0.20 分的企业。
（1）对于日本企业运用物联网的情况，以“运用当中”作为 1 分，“其他答复”作为 0 分，本图根据平均分制作；
（2）对于海外工厂的数据收集、活用情况，仅针对“有海外工厂”的企业作为调查对象进行统计。

根据“2016 年日本制造业白皮书”，由 IGPI 制作。
a. 在产品设计工序中加以活用
b. 在生产设计工序中加以活用
c. 实时反映到生产线中
d. 在产品开发工序制作试制品
e. 小批量、多品种产品的生产
f. 反馈生产过程中发现的设计、研发瑕疵
g. 设计、研发和生产一线之间共享数据以缩短开发周期
h. 将产品的运行数据、用户的反馈活用于设计、研发和改善生产
i. 个别工序的可视化和流程的改善等
j. 生产流程整体的可视化与流程的改善等
k. 员工操作情况的可视化与流程的改善等
l. 生产流程当中熟练技能的手册化、数据库化
m. 本公司工厂或客户企业之间的可追溯管理
n. 在海外工厂收集和管理与生产流程相关的数据等
o. 与订单有关信息的收集、分析
p. 产品销售后与运行情况相关的信息的收集、分析
q. 产品的预警维修服务的活用
r. 产品运用解决方案服务

间合作”（f、h、i）方面取得了一些进展，但是在“运营、维护”（q、r）方面几乎完全没有运用物联网。而这些正是服务模式化很重要的部分，也是日本企业不太擅长的领域。海外工厂生产工序当中的“信息活用”（n）也明显落后。从图中可以看到，在日本国内的总厂，物联网得到了一定程度的运用，但多数企业的海外工厂没有导入物联网。

其实，物联网更适合应用于远离总厂的海外工厂，因为海外工厂受到的阻力相对比较小，对生产一线改革的亲和度也比较高，这些都是从很多厂家的改革成功案例中获得的经验。要知道，日本国内工厂的管理很到位，目前的管理能达到 80~90 分（百分制）。而海外工厂的业务水平参差不齐，有不少海外工厂的管理只能达到 50 分。所以，相比于将日本国内工厂的 80 分提高到 90 分，将海外工厂的 50 分提高到 80 分会更加简单，效果会更加明显。

另外，日本国内的工厂有很多连续工作 10 多年的经验丰富的师傅。我并不是先入为主地认为这些老师傅都不太配合引进新技术，但是假如他们当中的一些人抱有“我们创造了历史”这样的想法，而且这种想法根深蒂固的话，他们无意中可能变成抵制势力。这种情形不只出现在制造业，在成立时间较长且规模比较大的日本企业进行改革时，经常会遇到这类抵制势力。

既然如此，在没有这种门槛的海外工厂进行示范，并将其成果以逆向进口的方式引入日本，或许对日本来说是更加高效的做法。

## 制造业全都会变成“地产地销模式”吗

### 无法标准化的“隐形资产”

今天，日本国内工厂和海外工厂在生产效率方面仍然有很大的差距。然而，以十年为单位去考虑这个问题时，选择在哪个地方设置公司是一件非常棘手的事情。如果物联网在全世界得到普及，海外工厂和日本国内工厂的管理水平都能达到 80~90 分的话，两者的关系会有什么变化呢？日本国内工厂也会让为数众多的当地工厂努力生产具有当地特色的产品吗？抑或是依然发挥总部工厂的作用？随着企业海外生产比例超过国内生产，而多数客户分布在国外的情况下，日本工厂还能被称为总部工厂吗?

根据西门子等公司的预测，随着标准化工厂得到普及，全世界几乎任何地方都能生产同等质量的产品，从而使制造业的“地产地销模式”范围迅速扩大。但笔者认为，这种说法基于所有工序几乎都实现了机械化，几乎没有人类可以增加附加价值的余地的情形。如果配件和工序都真正实现了标准化，机械就能代替人类。如果真能做到这一点，工厂就能全部实现自动化，变成无人工厂，但这实在是让人难以置信。

当然，从中长期来看，新兴经济体中的各国工厂的生产效率会大幅度提高，这是毫无疑问的。这势必会整体提升物联网、人工智能等技术的水平。然而，即便是物联网和人工智能得到大范围普及，无法用数据说明的“暗箱化”经验或技术还会留在企业当中。

例如，将物体融化之后粘到一起，或者将不同化学物质搅拌成混合物的工序当中，总要依靠无法用数据说明的“某种技巧和经验”，在这方面还需要人类的智慧。在日本的生产一线，有很多“隐性知识资产”，将这些资产由总部工厂梳理清楚，然后在海外推广是本土企业的课题。

## 如何通过寻求平衡点和“内外组合”进行取舍

今后，成为一般商品或通用件的配件肯定会实现标准化生产，能够在世界任何一个地方生产。而另一方面，一些生产工序（比较极端的例子是引擎的生产工序）蕴含着大量无名工程师几十年来在解决问题、改善质量等方面的知识和经验，即使把这些知识或经验拿到海外工厂去推广，也不一定马上就能生产出同等质量的产品。

此外，企业在做好设计、试生产、量产的时候，会为了达到最优效果而反复试错。这个工作一般在当地、用具体产品、由经验丰富的人、在生产一线非常传统的工序当中努力实施，而这样恰恰会造成差异化或者行业壁垒。特斯拉汽车在量产方面不太顺利，可能也与过分低估员工的经验有关。

或许，有些产品可以通过标准化扩展到全世界，而有些产品则需要集中在某个地方生产，这两类产品最好在不同的工厂分工协作。

总之，这也涉及公司将信息公开到何种程度、哪些部分不予公开的问题。长年习惯于垂直统合型管理模式的日本企业，一直在全封闭状态下竞争。然而，日本企业如果连标准件也拒绝采用，全部用自家生产的配件的话，成本上很难支撑，容易陷入加拉帕戈斯化。

因此，应该将部分业务开放给外部公司，接受一部分外部标准件。如果全封闭的话，成本、开发速度势必落后于竞争对手，因此，不如将适合开放的业务放到平台上，并充分考虑两方的平衡。

如果无视这种情况，追求公开全部信息，只用标准件组装生产的话，又没有附加价值可言。这种情况下，有必要探讨将来是否干脆变成以策划和设计为主的 Fabless 企业。

在全封闭环境下寻求平衡点和在全公开环境下进行企业内外资源组合之间，其实有很多方案可以考虑。究竟在哪些部分寻求平衡点？在哪些部分进行组合？企业的优势其实会在寻求平衡点和内外组合的取舍当中显现。

# “Tier0.5”供应商引领汽车行业

## 20 年的进化成就德国大陆集团

在公开数据和封闭数据之间选择某种战略的时候，有一个汽车行业的先例可以参考（见图 3-3）。汽车行业一般的分工情况是：有一批被称为 Tier1（一级供应商）的配件厂家，在其下方是被称为 Tier2（二级供应商）、Tier3（三级供应商）的垂直结构。Tier1 一般受汽车厂家的委托，将系统集成交付给汽车厂家。

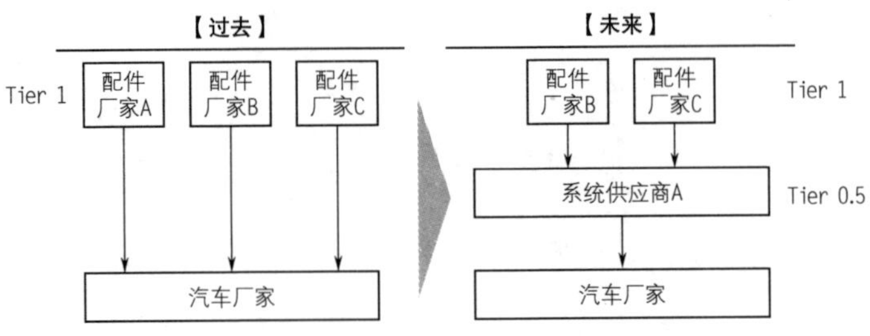


图 3-3 汽车行业配件供应结构的变革

然而，近来有一些 Tier1 厂家，例如博世、德国大陆集团（Continental AG）等超大型供应商，被称为“Tier0.5”。因为它们要先行考虑汽车应该具备的功能，独自进行开发，提供标准件的清单，以供汽车厂家“随便挑”。

Tier0.5 供应商已经想明白哪些业务可以由本企业在封闭状态下推进，哪些可以公开。它们深知，如果只是把通用的配件进行组合，自己就会沦为配件厂家，因此，它们善于在追求价格优势时使用标准件，在系统部分采取暗箱化操作，它们在这方面可谓手法娴熟。

如图 3-4 所示，最初仅仅是一个轮胎厂家的德国大陆集团，在经历了多年的打拼之后，成功转型为综合系统供应商。

**从 20 世纪 90 年代开始，德国大陆集团用了约 20 年的时间**

**从配件供应商转型为综合系统供应商**

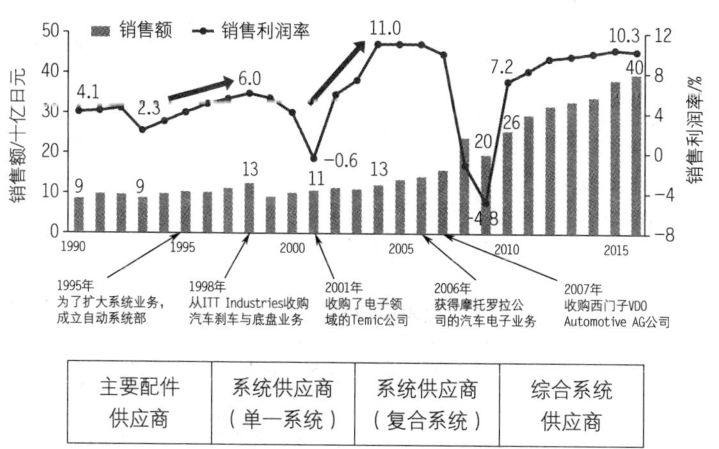


图 3-4 德国大陆集团成长轨迹

资料来源：IGPI 根据有关网站等各种信息制作。

20 世纪 90 年代后期，德国大陆集团意识到如果不及时转型为系统供应商，公司可能无法存续，为此，该公司不断收购汽车轮胎周边产业，将业务扩展到汽车电子领域，并逐步进入综合系统供应商领域。如今该公司已然成为与博世公司并驾齐驱的配件供应商。在此期间，该公司的销售额不断攀升，营业利润也维持在较高水准。

可见，德国大陆集团用 20 年时间成功实现了转型。在这个过程中，公司管理层肯定有过“不及时改革的话，公司可能无法存续”的担忧。而日本电装公司作为丰田集团所属企业，给丰田以外的企业供应的产品已经超过该公司产品的一半，可见它们并不只依赖丰田。然而，日本很多 Tier1 供应商在响应速度等方面还有很多不足之处。

## 如何成为真正的 Tier0.5 供应商

目前，汽车行业在自动驾驶汽车的研发方面竞争十分激烈。由于自动驾驶集成了人工智能和物联网，即便是大型汽车厂家也无法独自完成研发。在自动驾驶汽车的研发方面，除了汽车厂家和已有的供应商联手，阿尔法特（Alphabet）

旗下的 Weimo 在自动驾驶方面先行一步、半导体领域的英伟达（NVIDIA）与各家公司牵手、以色列图像识别领域的初创企业 Mobileye 被英特尔收购、共享出行公司优步高调进入自动驾驶领域等，行业的边界逐渐模糊，合纵连横不断发生。

当今社会，预测未来变得越来越难，如同幼时玩过的“牵手小鬼”游戏[①]那样，尽管最终的胜负谁都无法预料，但至少应该尽量寻找强手合作。宛如在大雾中寻找同伴，烟消雾散之后发现除了自己，别人都牵手了，那就为时已晚了。消极等待的结果，很可能变成那个没有和任何企业牵手的孤独者，或者，只能加入剩余的“弱者联盟”。正因为惧怕面临这种情况，众多配件厂家和汽车厂家在争先恐后地寻找可以联合的合作伙伴。

说点题外话。目前，很多汽车配件厂家可以说是站在发展的岔路口。在过去的日子里，它们作为 Tier1 供应商，将本公司生产的汽车配件直接供应给汽车厂家，而如今，由于 Tier0.5 供应商将它们的配件加入一个系统，然后交付给汽车

① 一种儿童结伴追赶的游戏。——译者注

厂家，因此它们不得不仔细考虑自己公司未来的定位。

假如这部分厂家也想成为真正的 Tier0.5 供应商，这时它们会意识到单靠自己去构筑一个系统在技术上是困难的，更重要的问题是，它们不知道包括财务状况在内的企业实力是否经得起挑战。

其中一个解决方案无非是像德国大陆集团那样积极与其他企业合纵连横。以往日本企业在进行合作时，经常遇到“谁来掌握主动权（谁是收购方，谁是被收购方）”的问题，导致谈判陷入僵局。然而，如果真的想成为 Tier0.5 供应商的话，不能顾及体面，而应该单纯地站在业务拓展的角度来考虑什么样的企业是最理想的。这个视角在探讨企业发展时不可或缺。

## 目标是超级 Tier2

另外一个解决方案是将企业定位为实实在在的配件厂家，以成为超级 Tier2 供应商为目标。这时，需要彻底实施 QCD 管理，与其他企业拉开距离。与 Tier0.5 追求的合纵连横不同，这时应该争取与同行业其他公司进行横向整合，通过占据压倒性优势的市场份额来追求规模效应，这就是第二种“打法”。

企业要么成为 Tier0.5 供应商，与汽车厂家一起研发完整的系统，并不断提供新的解决方案，要么成为众多 Tier0.5 供应商不可或缺的配件厂家，以提供配件的方式成为利基市场的顶级企业。二者兼备的企业，在世界上为数不多。因此，各个企业应该选择符合自身战略的“打法”，提前布局和投资，或者推进合纵连横，否则当企业意识到的时候，“牵手小鬼”游戏可能已经结束了。

## 材料厂家势头正猛

除了整车厂家，也介绍一下材料厂家的动向吧。主要的材料厂家及其收购的公司如图 3-5 所示。

在自动驾驶、新能源汽车等大潮流当中，追求轻量化、高效能的目标时，有一些课题是无法通过配件设计环节得到解决的。要突破这些瓶颈，需要提高材料的性能。于是，材料厂家的重要性明显增强，它们正试图从单纯的材料厂家抢先一步转型为配件厂家。

日本化学品厂家锁定目标市场之后，为了成为拥有设计、分析业务的配件供应商而陆续实施并购，而在德国，企业则通过参与产业集群的方式与其他公司开展合作

| | 化学品厂家 | 被收购企业 | 本企业材料 | 被收购企业的服务项目 | 备注 |
|---|---|---|---|---|---|
| 日本并购案例 | 三菱（Rayon） | Gemini | 碳纤维、复合材料（Sheet molding compound） | 汽车、飞机 | √汽车轻量化需求<br>√航空领域碳纤维复合材料市场上，东丽一家独大是不可否认的现状<br>→明确宣布拓展汽车市场 |
| | 三菱树脂（Quadront） | Piper | PA/POM系列超级工程塑料 | 航空器、医疗 | √活用Piper公司的技术，增加了飞机、医疗领域的订单 |
| | 东丽 | 童梦 Carbon Magic | 碳纤维、复合材料（CFRP） | 跑车、航空器等 | √童梦：活用跑车设计研发技术，进军航空器领域<br>√东丽：强化碳纤维、板材的设计技术，在泰国开办工厂 |
| 德国产业集群 | 巴斯夫（BASF） | MRI碳素 | 碳纤维、复合材料（CFRP） | 汽车、航空器、铁路 | √从材料、设计，到试生产（量产）为止，各阶段都有不同功能的企业组成产业集群 |
| | 赢创（Evonik） | CFK Valley | PMI foam | 航空器、工业机器 | √从材料、设计，到试生产（量产）为止，各阶段都由不同功能的企业组成产业集群 |

图 3-5　针对下游的功能需求，材料厂家采取的措施

注：IGPI 根据有关网站、日经 Telecom 的新闻搜索结果等制作。

由于汽车、航空等领域对配件功能的要求非常高，因此，配件只要能达到其高标准，将它们应用到家电等领域是很容易的。因此，收购汽车配件或航空配件厂家，将配件设计和材料相关技术融合起来提供附加价值，是材料厂家的目的所在。

也就是说，它们并不只是按照规格要求提供功能性材料，而是根据本公司的功能性材料，向上游厂家提供如何实现轻量化等具有附加价值的配件规格设计方案——材料厂家的目标是成为这样的新型供应商。于是，纵观产业价值链整体时，它们将同时具备功能性材料的开发能力（上游）和配件厂家的产品规格实现能力（中游）。

虽然在推进过程中伴随着诸多困难，但这也是化学、机械工学、电子工学、软件领域的知识和经验相融合的过程。相信在不远的将来，会出现不少与博世、德国大陆集团不同的、来自材料厂家的系统集成商。

## 如果客户要求获得企业内部数据

在探讨服务模式化的时候，举一个虚拟的商用冷柜厂家的案例吧。如果你是这家商用冷柜厂家 X 的业务部部长，在面临如图 3-6 所示的情形时，你该如何决策呢？

在本案例中，厂家 X 向流通领域的大型公司 A 提供商用冷柜。公司 A 运营着大量餐馆、零售店，所以，它们用的冷柜一旦出现故障，就会导致生鲜食品腐烂等一系列问题，为了避免冷柜停止运行的情况发生，它们希望用系统监控冷柜的运行情况。

为此，公司 A 向厂家 X 提出，为每一台冷柜安装传感器，将其运行数据（温度、湿度、用电情况等）提供给公司 A 委托的平台运营商 B。B 将根据厂家 X 提供的数据，在云空间监控冷柜的运行情况，分析运行数据，提供最佳的运行方案。

作为厂家 X 的相关负责人的你，面临一个重要的选择，即为了维护公司 A 这样重要的客户，是否要将与冷柜有关的

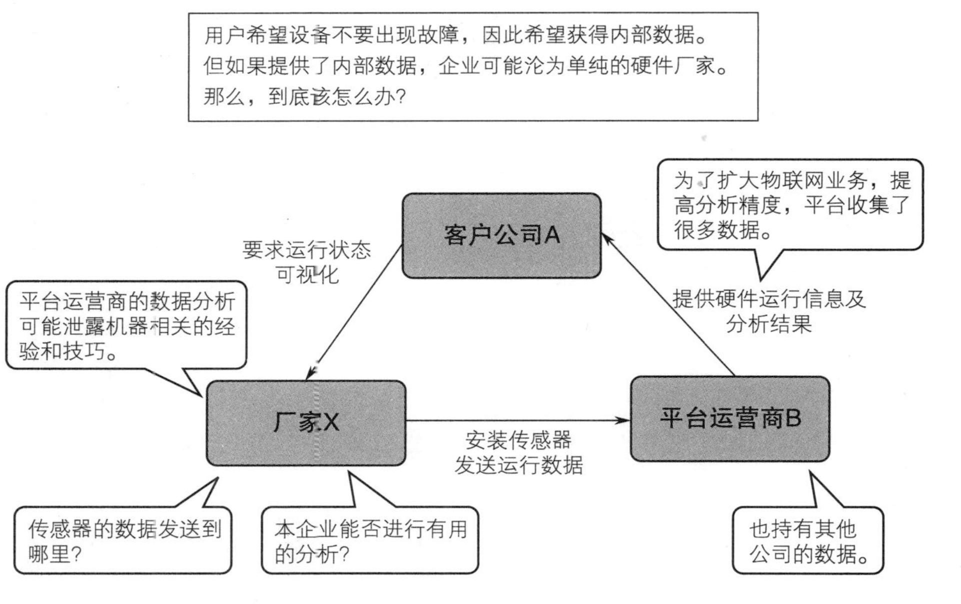
用户希望设备不要出现故障，因此希望获得内部数据。
但如果提供了内部数据，企业可能沦为单纯的硬件厂家。
那么，到底该怎么办?
客户公司A
要求运行状态
可视化
为了扩大物联网业务，提高分析精度，平台收集了很多数据。
提供硬件运行信息及
分析结果
平台运营商的数据分析可能泄露机器相关的经验和技巧。
厂家X
安装传感器
发送运行数据
平台运营商B
传感器的数据发送到哪里?
本企业能否进行有用的分析?
也持有其他公司的数据。

图 3-6　服务模式化案例

运行数据交给B？一旦交给B分析，企业根据以往的经验在冷柜设计方面的重要信息很可能被泄露。一旦信息泄露，企业可能沦为单纯提供“冷柜”这种硬件的厂家。

因此，你肯定希望不提供数据，即便提供数据，也要判断提供哪些数据相对比较安全。或者，由本企业收集与冷柜运行有关的全部数据，再加以分析，与B展开竞争。遗憾的是，企业内没有处理大量数据的硬件及负责分析数据的人才。

而B目前正在推进基于物联网的平台化，且已经与厂家X以外的多家冷柜厂家建立了合作关系，收集和分析了各种数据，攻势很猛。

## 企业能获得哪些数据

### 数字化数据和定性数据

假设厂家X想正面对抗平台运营商B，有哪些手段可以考虑呢？基于这个视点，重新审视厂家X面临的情况，会发现厂家X能获得的数据大致分为两种（见图3-7），一种是冷柜自带的传感器自动获取的数据，一般包括冷柜的温度、湿度、用电情况、周围的气温等公开数据。总之，这是一些数字化的数据。

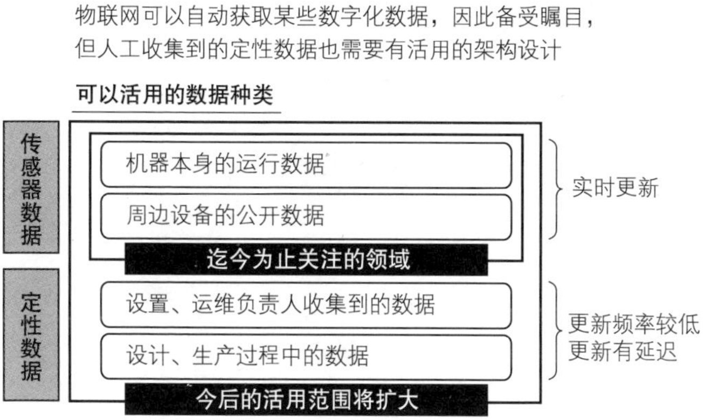

物联网可以自动获取某些数字化数据，因此备受瞩目，
但人工收集到的定性数据也需要有活用的架构设计

**可以活用的数据种类**

| | | |
|---|---|---|
| 传感器数据 | 机器本身的运行数据 | 实时更新 |
| | 周边设备的公开数据 | |
| | **迄今为止关注的领域** | |
| 定性数据 | 设置、运维负责人收集到的数据 | 更新频率较低<br>更新有延迟 |
| | 设计、生产过程中的数据 | |
| | **今后的活用范围将扩大** | |

图 3-7　厂家 X 能获得的数据

另一种是定性数据。例如，维修负责人留下的“距离排气口较近的位置总有不少灰尘”之类的维修记录，或者当初设计冷柜时留下的设计、生产相关的信息。这些数据完全可以加以活用。

这种定性数据其实就是“如果这个地方有灰尘，会导致管道堵塞”这类基于维修服务经验得到的基础信息，以及基于产品量产经验和由此而来的质量管理经验整理出的每批次产品的信息等，它们是企业内部享有且其他企业无法获得的数据，这些数据如果能与上述数字化数据相结合，或许能发挥很大的作用。

## 三种应对方法

综上所述，作为厂家 X 业务部部长的你，可以考虑采取以下三种方法（见图 3-8）。

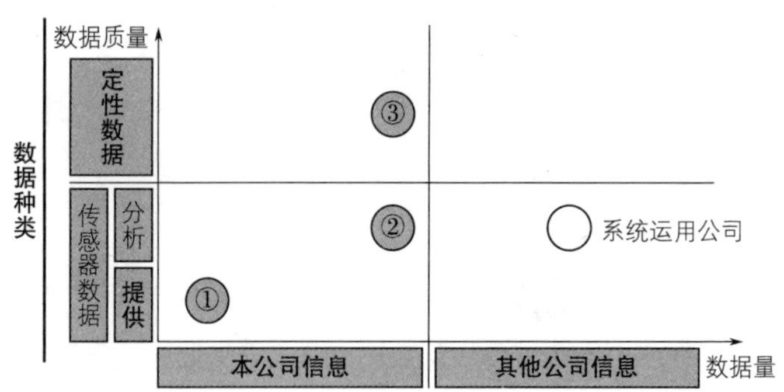


图 3-8　三种应对方法

方法①是将传感器获取的数据全部提供给 B，而本公司继续坚持以往冷柜生产厂家的定位。

方法②，传感器获取的数据一概不提供给外部单位，转而由本公司加以分析。也就是说，与平台运营商正面竞争。

方法③，考虑到与 B 对着干也没有胜算，不如适当做出调整，在传感器获取的数据以外加上定性数据，以此来与 B 进行差异化。

图 3-8 的横轴是数据量。一旦由数据量来决一胜负，拥有其他公司信息的平台运营商 B 占有优势。即仅仅采取方法②是绝对没有胜算的。

图 3-8 的纵轴是数据质量。包括安装传感器就能获取的数据和设备维护、设计和生产过程中获得的定性数据在内的信息完全可以由本公司垄断使用。即选择方法③的话，可以避免与 B 决一胜负。

也就是说，将传感器获取的数据提供给 B 也没有什么问题。本公司可以专注于分析定性数据和数字化数据的融合情况，从而提供平台运营商 B 无法提供的服务。

那么厂家 X 提供什么服务，可以稳住客户公司 A 呢？为了达到这个目的，仅仅保证冷柜全年正常运转是不够的，还应该提供食品冷藏以及维持鲜度的服务。与之前介绍的空压机厂家思路相同，企业可以按照冷藏量向客户收取费用，使客户的支出变成变动费用。

为了做到这一点，必须保证设备不间断运转。而通过监控运转情况和分析数据，厂家能在一定程度上预测故障的发生。如果能提前知道冷柜的某个配件（易耗品）6～10个月后可能出现故障，可以与提供维护服务的部门合作，每月定期保养、清理配件相关零部件、更换配件等。

## 维护和检查服务是藏宝之地

将以上概念汇总得到图3-9。适用物联网的产品指的是本案例当中的商用冷柜，但其实只要是附带维护和检查服务的终端设备都可使用本概念。例如，汽车、工程机械、工厂设备、工业用机器人、空调设备、机械式停车场、电梯、安防设备等各种设备都可以参考图3-9。而在这个过程当中，服务人员为了维护设备而获得的定性数据、模拟化数据也逐渐得以积累。

将两者结合起来分析的话，就能及时预测某客户的某设备可能发生故障，因此，需要及时更换配件，或者及时开展确保设备持续运行的准备工作。如果能够确保设备持续运行的话，可以向客户收取产品价格以外的后期维护费用（变动费用），以此获得附加价值。

**基于活用模拟数字信息的物联网架构，可以实现产品和服务的一体化**

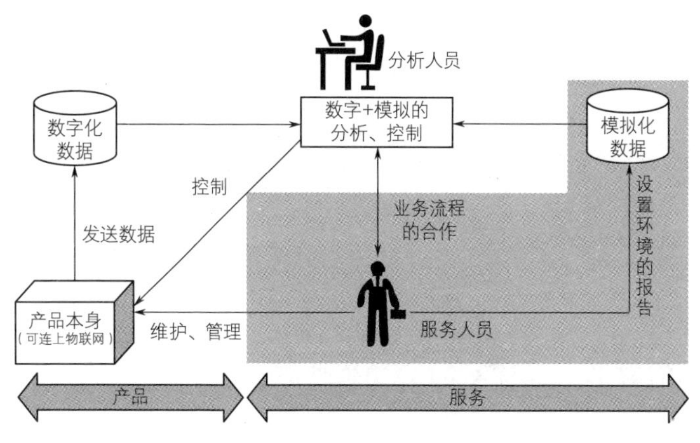


图 3-9 服务的拓展

图 3-9 中灰色的部分，是没有售后服务网点的平台运营商无法触及的领域。厂家 X 本来在公司内部拥有一线维修团队，但本公司仅面向部分地区。为了扩大售后服务范围，该公司陆续与售后服务专业公司合作，或者并购售后服务专业公司，从而逐步扩大服务范围。尽管运营服务网点需要固定

支出，但该公司决定以各个网点获取的数据或经验作为提供服务的基础。

在实际案例当中，我们能够看到一些地区的一线维护团队都免费提供服务，它们被定位为成本中心。而通过本案例，各位读者应该能看出，后期服务其实是蕴含宝藏的地方。通过将服务部门扩大，转变成实现盈利的团队之后，即使将传感器获取的数据交给 B 也不至于被剥夺主动权，也不会失去公司 A 这样的大客户，还能在众多商用冷柜厂家中实现差异化。

## 采取开放 / 封闭战略要知道应该保留哪些数据

以上案例不仅是厂家服务模式化过程的典型案例，而且能在企业考虑实施开放 / 封闭战略的时候起参考作用。

物联网发展到现在，如果能通过遍布世界的终端设备，选取附加价值较高的数字化数据，或者，如果 IT 平台能跨越各家公司之间的隔阂，收集到大量数据，就具备了大数据的价值。但通过本公司产品获取的数据如果没有足够的分量，则可以将其公开。

如果确定无法在某个领域实现差异化，应该放开包袱，向第三方公司提供相关数据。对于只有本公司才能获取的定性数据，可以作为封闭信息获取附加价值，向客户提供其他服务。因此，如何进行正确的判断十分重要。

厂家 X 在获得了冷柜运行和维护方面的经验之后，很可能进一步接受其他设备的运维管理业务，成为运维管理解决方案的供给方。因此，当公司 A 向厂家 X 提出共享传感器数据的要求时，如果搞错了开放 / 封闭策略，厂家 X 可能沦为单纯提供硬件的厂家，被通用商品的大浪吞噬。

前面介绍过的西门子紧盯的是本案例中 B 的位置，而通用电气也试图通过 Predix 平台来占据类似的位置。它们都希望从各家企业获取大量信息后，对大数据进行分析，来提供高效运用数据的方案。由于它们处理的数据非常庞大，个别企业想与这些大企业正面竞争是很少有胜算的。

因此，可以用各家公司拥有的模拟信息来与之对抗。如果将公开的数字化数据和企业自己拥有的封闭的模拟信息（和服务）适当融合，一定能摸索出设备厂商独有的“打法”。

由此可见，“可视化 3.0”其实是盈利点可视化，“可视化 3.0”解决如何通过物联网提高生产效率，如何从重视利润表转变为重视资产负债表等以往经营没有充分顾及的领域。

如果以高尔夫球做对比，可视化 1.0 相当于自己的挥杆速度或高尔夫球飞行路线的可视化；可视化 2.0 则是挥杆轨迹与身体姿势综合后的可视化；至于可视化 3.0，则更进一步，是在挥杆动作上做文章。

用同样的挥杆动作打高尔夫球的时间越久，越会觉得稍微调整握杆位置都会产生很大的不适感，因此，自己意识到后，会自觉恢复原来的握杆方法。企业其实也一样，长年积累的操作方法、盈利模式并非一朝一夕就能修改的，生产一线的惯性经常导致企业改革回到原点。

而后面要论述的可视化 4.0 宛如将右撇子变成左撇子，要求企业进行大胆的改革。有人说“工业 4.0 是百年一遇的生产大变革”，笔者认为，这是因为它不仅带来了颠覆性的技术，还促使那些习惯沿用传统想法和做法的日本企业，以从零开始的气概去改变，且必须变。

# 第四章 可视化4.0

## 实时动态可视化

### ——充分活用物联网，实现自动化

# 从实时动态可视化到实时控制

## “可视化”的进化步骤

日本制造业从成本可视化（可视化 1.0）开始，逐步升级到流程可视化（可视化 2.0）、盈利点可视化（可视化 3.0），那么，在物联网、人工智能时代，日本制造业追求的“可视化 4.0”是什么呢？

从第三章作为服务模式化（属于可视化 3.0）的一环介绍的活用传感器数据提高效率的案例中可以看出，万物相连的物联网对处在可视化 2.0 和可视化 1.0 阶段的企业也有提升作用。因为只要物联网能够取得必要的数据，就能对其进行分析，从而提高生产效率。

然而，遗憾的是，仅仅掌握成本（可视化 1.0），一气呵成地承接上游部分（可视化 2.0），以包含下游部分在内的服务模式从根本上审视收益结构（可视化 3.0），还不能算作充分活用物联网、人工智能，不追求进一步活用的方法，就无法成为真正的赢家。

图 4-1 显示了物联网的发展水平。最初的三个阶段相当于“可视化 1.0”“可视化 2.0”“可视化 3.0”，然而，这并不是终点，在其基础上还有“实时动态可视化”“大数据分析和预警”“实时控制的自动化”三个阶段，这三个阶段就是本书主张的“可视化 4.0”。

## 进化中的“自动化”

我们来了解一下“自动化”在日本发展的最新情况。首先，随着物联网的普及，如果任何商品都搭载传感器，那么厂家可以获取各种数据。如果通信环境比较稳定，数据不仅可以定期回收，还能及时获取。这就是“实时动态可视化”，而这个阶段的数据分析还需要依靠人工来完成。

持续一段时间“实时动态可视化”之后，大量数据被储备下来，最终超过人工可以处理的极限，于是会出现“大数据分析和预警”的服务，它将基于云服务的各种人工智能发挥威力。通过人工智能进行大数据分析可能发现人工无法意识到的深度相关关系或因果关系。分析后获得的发现不仅可以应用于产品开发，还能通过需求预测反映到生产计划中，如果能预测到可能发生的故障，则有助于服务部门及时采取适当的预防措施。

**在完成基本的可视化之后，物联网追求实时性和分析的精准化**

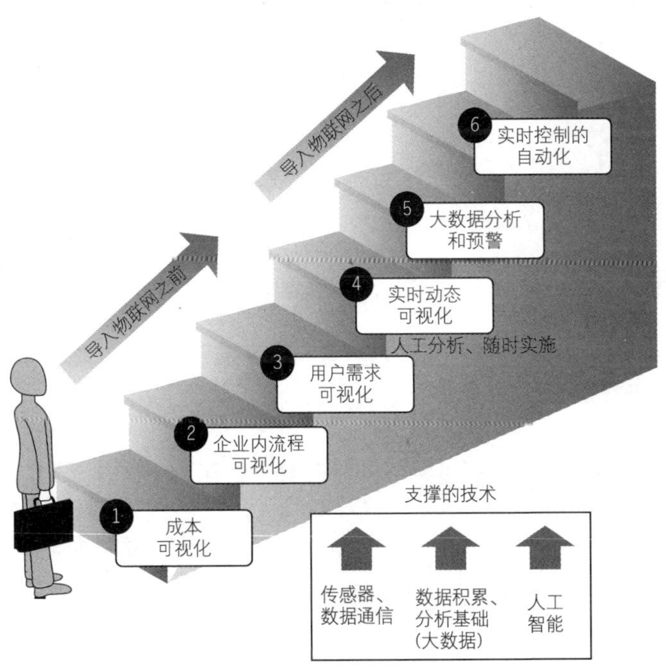


图 4-1　物联网的发展水平

前几章描述的内容更多的是强化以往“一气呵成的联系”（可视化 2.0）“服务模式化”（可视化 3.0）采取的各种步骤，然而，“可视化 4.0”的改革并不局限于这些。在“大数据分析和预警”之后，还有“实时控制的自动化”这个步骤。

在“大数据分析和预警”之前的业务当中，将分析结果反馈给有关部门的工作是人工完成的，但到了“实时控制的自动化”阶段，工作基本上全是自动完成的（可以省下一部分人工操作）。通过数据导向能够预知很多事情，因此，企业可以根据故障预知信息自动进行产品的更新（软件的在线升级等）。

## 导入人工智能并不能一劳永逸

### 设定目标是人类的分内工作

当人们可以通过物联网获取数据之后，一些企业领导者可能会陷入“导入人工智能就万事大吉了”的误区。人类决定人工智能“做什么”，并非人工智能自己决定做“（对人类或企业有利的）某种事情”。如果不给人工智能预设一些目标，即经过分析要得到什么结果，人工智能恐怕什么都分析不出来。

总之，需要通过人工智能解决的课题以及数据来源需要人工预设，指望让人工智能去思考我们能做什么业务纯属痴人说梦。

例如，希望预知可能发生的故障，那么自然就要知道该从哪里获取所需的数据。这种数据包括使用条件、使用频率、配件的耐久性、损耗率等传感器可以获取的数据，也包括企业员工观察后判断和记录的定性数据。收集到足够多这类信息后，故障预测的精确度将大幅提高。

不符合这些要求，即便收集到海量数据也没有多大意义(至少对于故障预测来说)。也就是说，即便传感器大幅度降价，通信费也降到可以忽略不计的程度，也不是说收集大量数据就万事大吉了。只有收集到符合要求的数据，才能实现企业的目标。

## 用人工智能分析的意义何在

需要什么样的数据？需要多少？几年前大数据风靡全球

的时候，很多企业不顾一切地收集数据，以为这样就万事大吉了。它们在特定的工厂或特定的设备上安装了大量传感器，它们只顾收集各种数据，但没有考虑如何活用这些数据，一般认为活用数据是以后要解决的问题。而事实上，那些数据被活用的情况并不多，大多数企业收集到的数据被束之高阁。

因此，有必要由精通该业务的人士基于某种逻辑，从一开始就认真梳理企业需要某种数据的原因。特别是面对只有本企业才能收集到的数据时，这部分数据很可能成为差异化的根源，那么就有必要将相关数据储存在企业内部。

此外，经常遇到的失败案例是目标太过简单。例如，如果知道一个人的身高、胸围，那么他的体重是可以预测到的，将这种简单的工作交给人工智能来做，就有点大材小用了。这种工作是统计处理范畴的事情，使用 Excel 就能很快得到结果。

比如有的公司用 IBM 的 Watson 办公软件进行需求预测，其实以往该软件根据各种数据进行的需求预测已经很顺利了，这种以往精确度能达到 90 分的业务并不会因为引入人工智能预测后就达到 95 分，并进而给企业带来巨大的变化。为了提高以往获取数据的精确度而刻意花钱导入人工智能，其实并没有太大意义。

而在以往只能依靠专业人士的经验或直觉、对迟迟未能实现标准化的“匠人”手艺进行解析的领域，或者在由于条件太过复杂而一直无法找到最佳解决方案的热解析、应力分析、材料力学等领域，人工智能发挥作用的余地就比较大。

总之，无论收集了多少数据，无论怎么活用人工智能，让人工智能做决策或替人思考是不可能的。再说一遍，人工智能不可能决定使用目的，给人工智能安排任务的永远是人类，决定如何活用人工智能分析结果的也永远是人类。

明确的使用目的、庞大的数据量、一定程度的复杂性这三个要素聚齐时，物联网和人工智能的组合才会带来以往无法获知的知识和经验（见图 4-2）。换言之，如果某企业在活用物联网和人工智能方面采取的措施与前述三个要素中的任意一个没有交集的话，企业的实践很有可能会以失败告终。遇到这种情况时，建议考虑运用物联网和人工智能以外的方法。

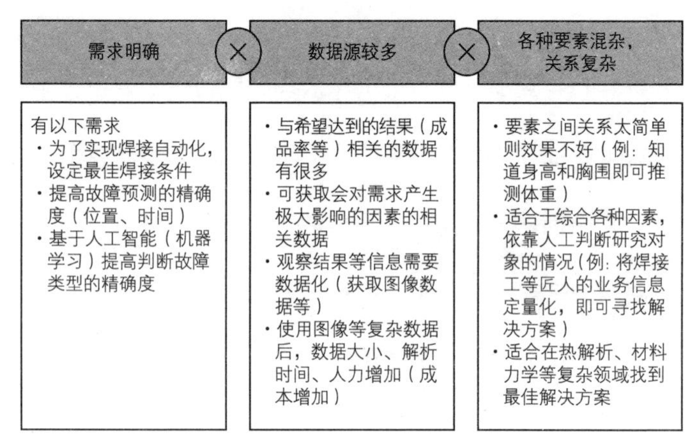


图 4-2　物联网、人工智能的适用程度

## 物联网可以活用于各种不同的场景

### 可以知道工厂的“基础实力”

物联网如何在价值链的各个阶段被活用呢？通过图 4-3 我们可以了解物联网如何在研发、产品设计、生产和试验、售后服务等环节帮助企业获取数据，以及运用数据能够做哪些事情（数据可以活用在哪些场景）。各位读者结合各自的业务，在考虑导入物联网的时候，若能据此得到一些启发，笔者将不胜荣幸。

| | 研发 | 产品设计 | 生产和试验 | 售后服务 |
|---|---|---|---|---|
| 可获取的数据 | · 过往的材料分析数据<br>· 过往的实验数据 | · 过去的设计资源<br>· 过去的模拟结果 | · 产品内部情况数据（温度、气压）<br>· 运行环境（速度、运行时间等） | |
| 活用场景 | · 新一代材料开发<br>· 新一代基础设计 | · 设计计算最优化<br>· 提高模拟精确度（热解析、疲劳解析等） | · 焊接自动化<br>· 提升焊接检查的精确度（排除不合格产品） | · 远程监控精准化<br>· 服务菜单最优化 |

图 4-3　将物联网应用到价值链中的案例

其中，在工厂运用物联网的情形如图 4-4 所示。在一定程度上已经实现了自动化的配件生产线，防止设备出错和保养设备是物联网的主要应用领域。如果有些领域仍然存在匠人技术的话，则应该考虑将其技术解析，参数化之后实现自动调整。常见的是焊接工的人工智能化案例，例如在一定的气温、湿度条件下，搅拌材料所需的设备控制将实现自动化。

另一方面，在人员和设备混杂的组装生产线，可做的事情就很有限。例如，某产品在传送带上传送了多少？某工序花费了多长时间？这些数据可以通过可视化得到，但能否将可视化的结果作为改善生产一线操作流程的契机，还取决于生产一线培育出来的改善能力。

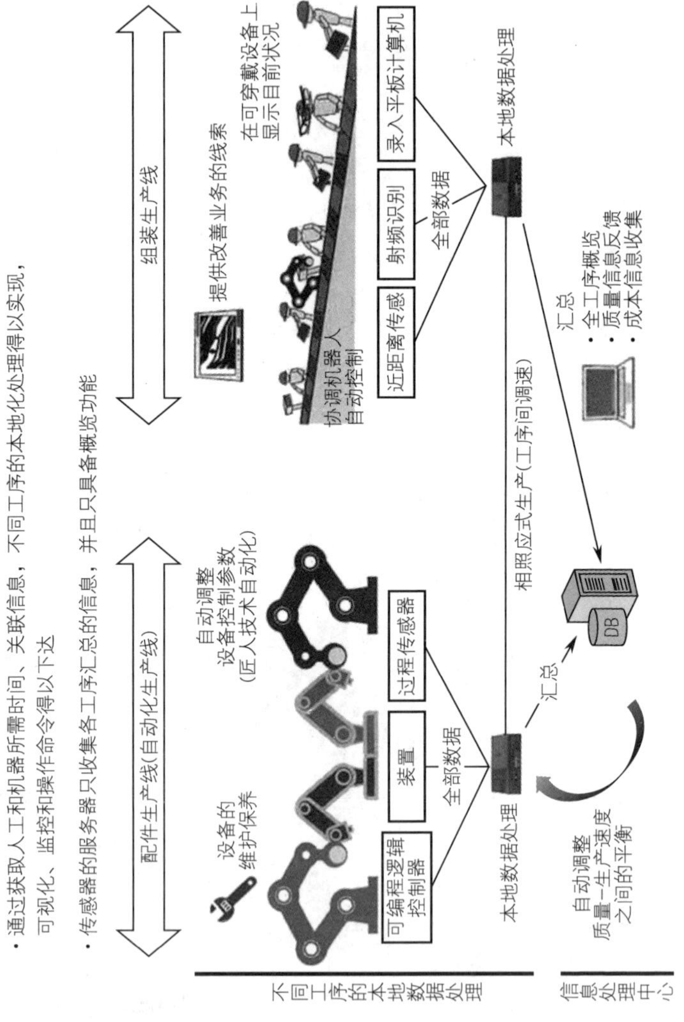


图 4-4　在工厂运用物联网的情形

即使不采用物联网技术，如果能缩短操作时间，生产效率一定会提高。笔者参观过实际导入物联网或通过传感器实现生产流程可视化的多家工厂，发现各工厂解析可视化后获得的数据水平参差不齐。工厂之间的差距与平时反复试错的经验、标准设计以及之后的反复修改等 PDCA 循环的实施次数有着密不可分的关系，它们能从侧面反映工厂的基础实力。

## 复制“班长”的能力

今后有望获得发展的领域或许是图 4-4 中“相照应式生产（工序间调速）”这一部分。例如，某个工序出现延迟时，如果不及时调整相关工序的速度，则整体生产流程会受到影响。以往这类每天都会发生的微调是由人工完成的，负责这项工作的一般是生产一线的班长。

班长们其实起着非常重要的作用，甚至可以左右该工厂的业务量。日本的海外工厂一开始运营不顺利，一个原因就是没有合适的人来负责工序之间的协调工作。虽然无法将班长的经验拷贝过去是一大遗憾，但是，软件是可以复制的。随着数据的积累，如果能够解析出班长们协调工作时的一些行为模式，就可以用软件来进行工序之间的协调工作。于是，同时在多个海外网点布局不再像以前那么艰难了。

出现了某种能促使工序流程更加顺畅的算法之后，下一个瓶颈可能就是工厂内的布局了。各种机器人如何放置？在哪里安装传感器？收集哪些数据？积累了这些数据和经验后，工厂内的布局也会趋于标准。

有一位学者曾经跟笔者开玩笑说：当软件实现标准化，工厂的生产管理人员使用这种软件成为常态之后，工厂势必会按照软件进行设计和布局。到那时，工厂估计会像便利店那样具有相似的布局和器材。笔者认为，至少企业内的产品集群会像这位学者说的那样逐渐趋同。

## 匠人技术的数字化

在日本企业的生产一线，物联网得到多大程度的活用呢？下面介绍两个案例。

第一个案例是重工业企业的案例。图 4-5 上方“过去的数据非常丰富”“各种要素叠加使关系更为复杂”“明确的目标”

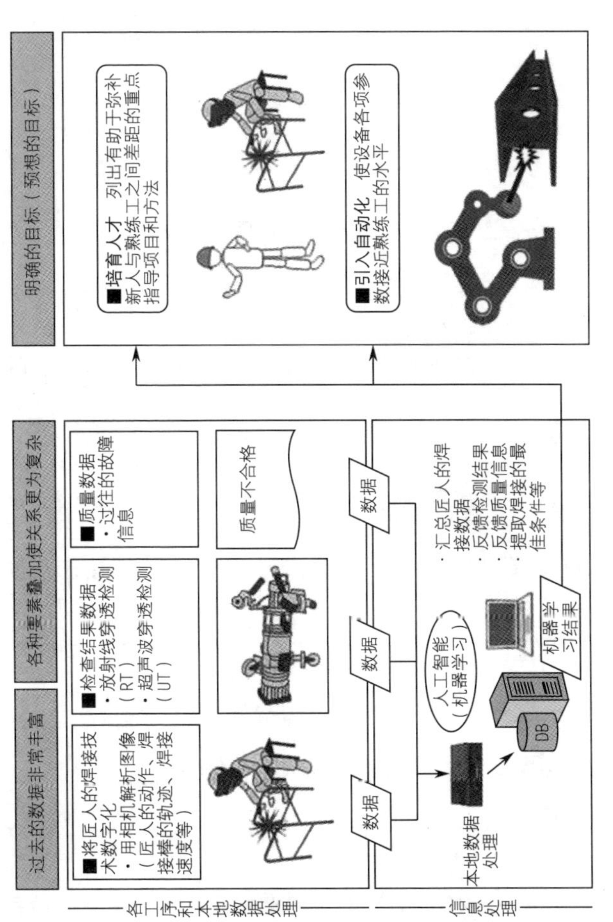


图 4-5　重工业企业运用物联网的案例

与图 4-2 所列举的将物联网、人工智能有效运用于企业业务所需的条件是重叠的。

生产一线比较常见的问题是熟练工高龄化。比如，焊接是为达到产品所需的形状、硬度等规格所不可或缺的重要工序，但很少有年轻人积极主动地投身于这个岗位。这个岗位的离职率较高，有潜力的年轻员工明显不足。

而焊接这项工作本身需要积累大量经验。焊点位置、焊接工具的使用方法等需要学习的内容实在是太多了。除了湿度、温度会影响焊接质量，焊接工的技术水平也很关键。

系统整理好熟练焊接工的经验之后，不仅可以活用于员工的教育培训，还可以使部分产品、工序的焊接作业据此实现自动化。为此，需要将熟练工的动作加以统计、测量并数字化，按照业务类型积累、解析数据，结合过去的出错信息，验证何种焊接方式有利于稳定质量、提高效率等。

基于这些工作，企业可以设计教育培训课程，也可以将其反馈到焊接部门，必要时及时调整自动化设备的后台参数。

其实，让熟练工穿上物联网可穿戴设备，通过监测他们的眼神、动作来获取数据并不难，收集到检测设备的数据也没有什么问题。最终让自动化设备实时反馈这些数据，从而及时调整后台参数才是关键。

## 半导体测试工序的半自动化

### 改善成品率

日本企业活用物联网的第二个案例是半导体厂家的案例（见图 4-6）。

半导体晶圆是将圆柱状的硅结晶块切成薄片制成的圆盘，这个圆盘被网状切割后形成极小的芯片（集成电路）。切割后的芯片根据存储容量等情况用于手机、计算机、服务器等，之后分别搭载到最终产品上。

需要注意的是，用途一旦确定，中途是无法改变的。例如，测试得知某个芯片不适合用于服务器，它将无法转用于手机或计算机，因此，以往芯片的浪费很惊人。

为此，人们转而在晶圆的测试阶段就以服务器用、手机用等方式进行分类测试。根据经验，如果晶圆上的坐标比较大的话，品质容易受到影响。于是，人们在坐标信息的基础

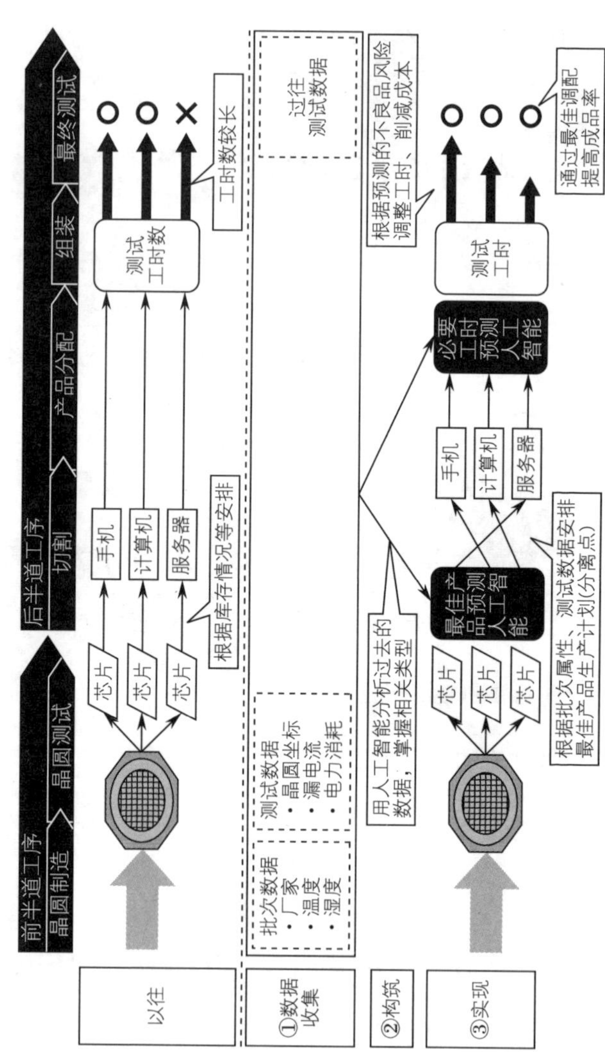


图 4-6　半导体厂家运用物联网的案例：最佳产品分类和不合格产品预测

上，加上每一个生产批次原材料的采购信息、温度和湿度等环境信息、电流或电力消耗等测试数据，之后让人工智能学习这些数据，从而通过人工智能及早判断该芯片是适用于手机、计算机，还是服务器。根据测试结果，芯片将被分配到最适合的产品领域。

与以往机械式的分配数量相比，使用人工智能后，在后期测试时不合格芯片的比例明显降低。不仅如此，由于一开始就知道存在一定程度的不良品风险，新的技术也缩短了每个芯片的测试工时。这种方式降低了成本，提高了成品率。

### 机器能解析人类无法觉察到的关系

一般的商务人士听到“导入物联网之后，产品的成品率得到了提升”时不会有多深的感受，而且，认为“导入人工智能之后，很多事情自然都能办到”的人估计也不少。然而，对于半导体厂家来说，看似单调的物联网带来的好处比预想的还要大。

半导体领域一个批次的产量动辄数以万计。为此，这个领域的很多厂家为了减少 0.1 秒的测试时间而倾注了不少心血。如果测试工序能够省略，由此降低的成本将会非常大。这与盈利能力的提高密切相关。

上述人工智能的最优化在智能手机、计算机、服务器等以成本竞争力取胜的低端芯片领域屡见不鲜，因为厂家认为低端产品可以减少一些测试工序。而在利润较大的高端芯片领域，例如与自动驾驶技术相关的研发竞争虽然趋于白热化，但这个领域通过人工智能进行最优化的工作可能还没真正开始。

也就是说，通过物联网将生产流程做到极细微的可视化，实现预警、自动化，提高生产效率，这些举措恰恰对量产化程度较高、很小的成本竞争优势就能起到决定性作用的通用产品领域至关重要。

将半导体厂家的案例套用到本章开头介绍的物联网发展的各个阶段，说明该公司已经超越了“实时动态可视化”和“大数据分析和预警”两个阶段，即将到达“实时控制的自动化”的位置。

纵观多数日本企业的生产一线，能看到的浪费已经基本消除了。在这个基础上，企业如果导入物联网和人工智能，就能将以往看不见的相关关系进行可视化，从而消除以往没有意识到的浪费。比如，生产一线员工凭借以往的经验认为“可能有一定关联”的芯片性能和晶圆坐标，也是在人工智能对一定的数据进行学习后，进行了类型分析，最终才大幅度改善了业务状况。

人类无法意识到的相关关系或类型分析，本来就是人工智能、大数据分析最擅长的领域。因此，人工智能不仅能够对无法用语言来描述的手艺高超的匠人的技术实现标准化、自动化，还能实现人类看不清楚的合理化、自动化。这种伴随着新发现的成功案例，将随着物联网和人工智能的普及而不断涌现。

## 厂家与现实世界的交集决定胜负

为了让物联网深度学习并进行有价值的分析，需要大量数据。然而，毫无目的地收集大量无关的数据是没有意义的。互联网可以在虚拟空间形成闭环，但制造业的价值在于与现实世界的互动，因此，制造业的数据也需要经过“CCAA 模式”才能得到活用（见图 4-7）。

CCAA 是四个步骤的首字母，即用传感器收集各种数据的“连接”（Connect）、将数据进行储存的“收集”（Collect）、分析收集到的大量数据的“分析”（Analyze）和将分析结果反馈到机械运行中的“执行”（Actuate），CCAA 模式其实表示制造业的数据流。

其中，第一步的“连接”和最后一步的“执行”与现实世界有交集。在这两个步骤当中，传感器负责收集数据，并通过机械、机器人等执行引擎还原之前通过数据获得的结果。

而“收集”和“分析”是虚拟空间里的行为。因为物联网通过通信和互联网收集到的大部分数据是保存在云存储器里的，而多数数据由基于云空间的人工智能负责分析。这里是被称为“GAFA”（谷歌、苹果、脸书、亚马逊等企业）的大型 IT 平台商的专属舞台。

由此看来，日本企业的“主战场”应该是与现实世界有交集的“连接”和“执行”的部分。在收集大量数据方面，企业肯定无法与平台运营商匹敌，而在“连接”的部分，能

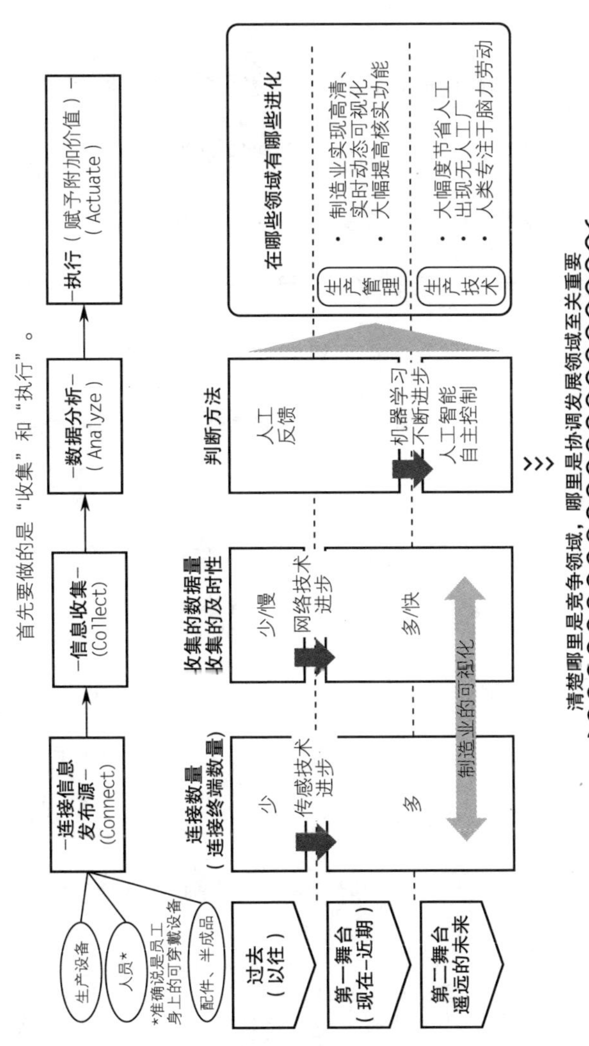


图 4-7　物联网在公司的活用案例：CCAA 模式

否收集到其他公司收集不到的独家数据是决定胜负的关键。

例如，在收集自动驾驶研发所需的行驶数据的时候，相比于当年的车载导航，目前普遍使用的谷歌地图提供的 GPS 数据量是非常庞大的，汽车厂家独自收集到的数据与谷歌地图的数据量根本不是一个量级。因为谷歌拥有包括实时拥堵信息在内的精密的行驶数据，因此无论谁去挑战，注定会折戟而去。比如，高效收集节省油耗的驾驶方式或危险驾驶方式的相关数据时，私家车提供的数据不如使用频率更高的出租车、共享汽车。

因此，索性将这些数据的采集工作交给谷歌、优步等，企业更多地致力于收集配件更换时间、故障预警等只有厂家才能获取的数据，从而加强维修服务，以此来实现差异化。

此外，自动驾驶汽车、机器人等在实际运行当中或许会引发大事故，因此，在“执行”这一步骤中的质量控制、安全性判断方面，制造业更有优势。本公司执行合伙人富山和彦认为，与“比较随意”的互联网相比，“厚重的”、在生产领域拥有较强实力的日本企业，具备很多 IT 企业无法比拟的优势。

总之，制造业如果想用数据带来盈利的话，确保数据的入口（传感器）和出口（执行）是最快捷，也是最保险的方式。

## 最后的要塞是“各家各户”

GAFA 再怎么强大，至少目前还有些领域它们没有完全掌握，那就是“家庭内部”。通过智能手机和 GPS 掌握人们的“行动”和“位置信息”的大型 IT 平台运营商在“家庭内部”涉足的范围也仅限于计算机之类的少数产品。

正如之前介绍的，亚马逊、谷歌等多家平台运营商近来大举销售人工智能音箱，甚至谷歌 Nest Thermostat 也都是为了收集家庭内部数据而寻找抓手的举措。苹果电视、亚马逊 Fire TV、谷歌 Chromecast 等各种连接电视和互联网的多媒体盒子都是为了与家庭产生交集。

然而，正如第二章说到的，日本制造业很早以前就通过白色家电、视听设备打入了家庭内部。因此，消费者不需要购买人工智能音箱、网络电视等新型产品，日本厂家也可以借助家庭日常使用的冰箱、洗衣机、空调、室内照明设施、热水器、IH 智能厨具、洗碗机、吸尘器、电视机、有线电视盒子等，通过在产品上设置传感器的方式，收集大量数据。

如果动真格去广泛收集这些数据，日本厂家成为“家庭内部数据的平台运营商”也不是梦想。笔者认为日本的家居厂家具有这种潜力。

如果能收集到 GAFA 尚未掌握的消费者日常生活数据，即便将“分析”的部分交给提供云服务的人工智能完成，企业也会拥有相当大的优势。即便不去做平台运营商，厂家用心研究数据，也能将分析结果反映到本公司的产品当中。

例如，可以在家电领域引入“订阅模式”，用售后服务和定期更换新产品的方式来替代每月定额支付费用的方式，那么，企业也能在“执行”的部分成为赢家。总之，日本企业现在放弃努力还为时过早。

## 作为平台运营商崭露头角的小松制作所

### 小松制作所的本质

在收集大量数据，将分析结果充分活用的平台领域，GAFA 的优势是压倒性的，但从细分领域来看，其他企业还有很多成功机会。比如，日本企业当中率先搭建平台的工程机械厂家小松制作所就是很好的例子。

众所周知，小松制作所依次在产品超级开发、超级服务、超级解决方案方面进行了改革。比如，研发出将铲刀的动作完全自动化的推土机，与 GPS 等位置信息实现联动、不伤及工作面的液压挖掘机等“超级产品系列”，小松制作所除了借此掌握了用户的需求，极大地提高了质量，还实现了高性价比。尽管如此，做到这个程度也只能算是传统制造企业实施改善活动的优秀范例而已。

后来，小松制作所推出机械运行管理系统 KOMTRAX，由此迈进了物联网的世界。该公司通过遍布世界的挖掘机、推土机上的传感器，使每辆车的位置信息、运行时间、燃料余量等数据实时可视化，从而提高了故障预警或维修的效率，提供了有利于减少油耗的运行方法等“超一流服务”。

此外，小松制作所掌握了工程机械的运行情况，能在很大程度上了解客户的收支情况，从而强化了征信管理。小松制作所可以说是可视化 3.0“服务模式化”的先进典型。

## 小松制作所转型为“资产负债表模式”

小松制作所的尝试并没有止步于服务模式化。对小松制作所来说，销售的商品已经不局限于自卸卡车、挖掘机等商品，而是扩大到诸如铲除一座山收多少钱等矿山代理运营领域。也就是说，其商业模式发生了根本性变化。该企业提供的是超一流解决方案，而自卸卡车、挖掘机等商品的定位仅仅是其解决方案的一个工具而已。

这种变化正如前三章所述，可以说是由利润表模式向资产负债表模式的转换。因为在这之前，厂家的基本原则就是协调好“生产多少量之后卖出多少钱”这类单年度销售额和成本的关系。当用户和企业的交易不再是一锤子买卖，通过服务形成长期合作关系之后，用户长期支付的产品生命周期的延长、获客成本的控制、解约率的控制以及盈利问题等得以解决。

一般来说，厂家要从以往重视一次性买卖模式、重视单年度利润表的思路中摆脱出来比较困难，但小松制作所在这方面的转型非常成功。

## 风险投资遇到失败是正常的

### 在海外设立公司的理由

在引入物联网、制定新的成长战略的时候，不断收购掌握核心技术的初创公司也是小松制作所获得飞跃式发展的一大因素。该公司早早告别了日本企业中普遍存在的“自给自足”的做法，通过开放的方式获得必要的技术。

无论在日本国内还是国外，与优秀的初创公司合作时，我们会发现，初创公司与日本古老而传统的大企业在速度、文化、工资体系方面完全不同。因此，强行将初创公司并入已有的框架当中往往会适得其反。丰田在全球设立丰田研究院这种人工智能研发机构，也是因为在日本总部做研发可能遭遇各种矛盾和抵制。

也就是说，丰田特意把研发机构安排在远离总部的地方，才吸引了大量硅谷人才，营造了适合他们大展身手的平台。

如今有一些日本公司陆续在美国硅谷或中国深圳设立公司，有些企业还积极参与初创公司的并购，但成功的案例并不多。其原因是，很多企业过分担心失败。

### 用不同于既有框架的思路思考问题

例如，某公司为了推进开放式创新，由相关业务或经营策划部门的负责人与初创公司探讨合作，但这些人没有权利决定收购或出资，他们必须向总部请示，请总部决策，因此，对于初创公司的领导来说，他们不值得花时间见这些人。而对于被总部派来考察项目的日本人来说，如果他们向总部汇报后该项目失败了，公司对自己的评价会受到影响，因此，他们倾向于选择交易成果十拿九稳的项目。

然而，实际从事过风险投资的人应该了解，大家都不看好的公司可能因某个契机爆红，而满以为胜券在握的公司也可能四处碰壁，不得不放弃业务，这些事情在投资界是司空见惯的。到底哪个项目可以，哪个项目不可以，实在是难以预料。这真是所谓“千分之三”的世界，想判断哪些是“成长性好的公司”，可谓难上加难。

因此，公司的宽容氛围至关重要，比如大家都认为“失败也没关系”“风险投资失败的概率比较高”就是理想的氛围，否则主导投资的人会左右为难。也就是说，如果不评估整体的成功和失败，而把每一个投资项目的成败作为评价对象的话，项目负责人会畏首畏尾，无法大胆地提出建议。即便有些方案有幸被提交到公司总部的高层会议上讨论，但讨论的重点如果围绕“三年后的销售额目标是多少”“何时产生盈利”“公司内部已有类似技术，难道不能用已有的技术吗”这类短视的问题，多数项目会被否决。

指望风险投资能带来高回报或确定的回报，就不能称之为风险投资了，但现实中这类短视的公司为数不少。

那些成功的公司会在一定权限范围内允许一线负责人独立判断，它们已经确立了这样的管理体制。公司信赖并对负责人委以重任，即便投资失败也不会问责，因此这类公司才能在海外并购战略中采取积极出击的做法。这类公司大多采取企业风险投资的方式（CVC），或者在管理会计上将投资额度作为单独项目去管理，从而避免将该项目的短期业绩与事业部的正常业绩挂钩。总之，如何构筑不同于传统的大企业，已有模式的新型管理方法至关重要。

## 为了不伤及人类而产生的成本

让我们列举一下企业推进物联网、人工智能技术时需要注意的几个事项吧。

第一个注意事项是“转移成本”。随着物联网、人工智能的发展，企业的自动化得到推进，人工成本有望大幅降低，但在过渡期内可能产生一些意料之外的成本。

比较好理解的是自动驾驶的案例。如果以某一天为界，要将东京 23 个区的所有车辆都变成自动驾驶车辆的话，目前的技术已经可以应对。

如果全部车辆都用算法来控制，没有哪辆车会以出乎意料的方式来驾驶的话，至少不太会出现车辆相撞的情况。而且，变更车道、十字路口的行驶等也会更加顺畅，拥堵现象会大幅缓解，人们在路上的时间会缩短，社会总体成本也会大幅降低（不仅不需要司机，而且因为道路顺畅，燃油效率提高，再加上共享出行等提高了乘坐率，马路上行驶的车辆也会有所减少）。

然而，现实情况是，在一段时间内，人类驾驶的车辆和自动驾驶车辆会同时在路上行驶。带来危险更多的是人类驾驶的车辆，比如突然加塞、不打转向灯就变更车道、疲劳驾驶、闯红灯等，即便人工智能再认真细致地学习，也无法百分之百应对人类司机的各种非常规驾驶行为。为此，我们需要付出额外的成本来预防各种意外的发生。

如果有一天能出现无人驾驶出租、无人驾驶巴士的话，司机的人工费用可以降为零，驾驶室的方向盘、油门、刹车等硬件就不需要了，但在实际操作过程中，考虑到可能有人突然横穿马路或超速车辆从后方追尾等情况，为了防止意外，在一段时间内必须留着驾驶室，并安排司机随时替换自动驾驶系统。

即便今后在道路上开辟自动驾驶专用车道，也不能排除有人会进入专用道路。在没有中间护栏的狭窄道路会车时，或者在没有信号灯的交叉路口相互礼让时，自动驾驶车辆可以事先制定规则，或者在行驶过程中发出某种信号来规避事故。但如果一方车辆是人类司机在驾驶，而另一方是自动驾驶车辆，或许还需要在自动驾驶车辆上安装“解读对方司机的表情”等功能。

也就是说，转移成本不会像想象中那么轻易地下降。同理，工厂试图实现全自动化，但真正实现无人工厂的时候，因为可能有少量人员进出工厂而需要额外采取一些对策，因而本来可以降低的成本实际并不会降低。总之，在讨论无人化的时候，如果需要考虑人类参与的因素，那么在短期内降低成本的效果是有限的。

## 善于获取数据和不善于获取数据的公司

### 训练人工智能的还是人工智能

企业推进物联网、人工智能时需要注意的第二个事项是企业是否熟悉与数据获取相关的问题。人工智能要想更加智能，需要大量数据。如果能在已有的产品中安装传感器（“连接”）来收集数据（“收集”）是最好的选择，但其他方法也备受关注。

2016 年 3 月，在韩国棋手李世石与 DeepMind 出品的阿尔法围棋进行的较量中，李世石以四败一胜的成绩败下阵来；2017 年 5 月，被称为“人类最强棋手”的中国棋手柯洁九段与阿尔法围棋对战的成绩是三局全输。这是因为阿尔法围棋学习了过去大量的棋谱数据。

2017 年 10 月发布的升级版阿尔法围棋 Zero 则从零开始学习围棋，它应用反复与自己对弈的方式提高棋艺，很快超越了前一版本阿尔法围棋。也就是说，不需要借助人类过去的棋谱数据，只需通过重复计算机模拟人工智能即可在短时间内远远超过人类的围棋水平。这一事实无疑震惊了世界各国。

在图像识别、声音识别领域发挥威力的深度学习技术，以往都是在分析大量图像、音频数据的基础上发展而来的，即便学习用的数据（教学数据）不多，也可以通过在某种行动之后提供奖赏的方式训练算法，这种强化学习（Reinforcement Learning）也是一种手段。

阿尔法围棋正是通过深度学习 + 强化学习训练算法，如今已经摆脱了围棋专业的形象，以阿尔法围棋 Zero 扬名天下。与人类不同，阿尔法围棋 Zero 与自己的对弈能瞬间结束，因此，无论是中国象棋、国际象棋，还是围棋，阿尔法围棋 Zero 都能从零基础的状态开始，通过几个小时的学习即可超越人类，变得极其强大。

### 在现实世界的应用是最后的环节

在现实世界里，通过反复试错积累数据的方式有一个缺点，就是速度太慢。如果将试错的大部分环节用计算机模拟来处理，把在现实世界的应用测试放在最后一个环节，同样的时间内，试错的次数可以达到现在的 1 000 倍，甚至 10 000 倍，由此还能提高成品的精确度。

人工智能时代的竞争力不仅取决于如何更多地获取学习用的带有标签的教学数据，还取决于在没有教学数据的情况下，如何训练人工智能的算法进行这种智慧比拼。

例如，能够把一个假新闻伪装成真新闻的人工智能和专门揭露假新闻的人工智能可以通过对决来强化双方的应对能力，这种方法叫作生成对抗网络，那么如何运用新的科技手段在短时间内增加试错的次数，将决定擅长获取学习用的数据并不断进行模拟测试的公司和不擅长获取数据的公司各自面临怎样的商业机会。

## 人的想象力可能成为瓶颈

### 能看见本以为“看不见”的世界

随着自动化的推进，人类不再需要介入其中，那么人类的作用在哪里？这是企业推进物联网、人工智能时需要注意的第三个事项。

传感器技术的发展日新月异，当我们能看到至今为止没能看到的数据，听到原来听不到的声音后，对于如何将获取的数据应用于商业领域，很多人一时半会儿还弄不清楚。

例如，人的眼睛很难捕捉到大于或小于可视光线（波长在 400 ～ 800nm 之间）的光，也听不到高于或低于可听范围（频率在 20 ～ 20 000Hz 之间）的声音。

然而，红外传感器能在漆黑的环境中“看到”东西，超声波传感器能够对液体或固体进行距离测量。这些都是常识范围内的知识，而传感器的精确度在像素或速度方面已经得到大幅提升。例如，人眼可以识别的速度上限是240f/s，而最新的数码相机已经可以拍摄1 000f/s的超级慢动作视频。

得到了至今未能获取的信息后，人类或许还想不到将其用到何处。也就是说，在物联网和人工智能时代，人类的想象力或许成了发展的瓶颈。

## 数据交易市场应运而生

在阿尔法围棋的案例中，由于具有棋局胜败这种客观指标，因此能够实际感受到其能力有多大，然而，当人工智能不需要借助人类收集到的数据就能拥有远远超过人类的能力时，人类如何判定该人工智能的能力呢？除非人工智能特意“翻译给人类”，将其身段放低到人类可以理解的水平，否则人类或许连发生了什么事情都无法理解。真正能理解某个人工智能实际能力的或许只有鉴定人工智能的另一个人工智能了，而人类只能相信其鉴定能力，这种情形或许会在不远的将来出现。

从能够获取至今无法获取的数据的意义而言，数据交易市场可能应运而生。例如，传感器厂家和通信公司等基础设施企业携手，可以获取各种数据。对于基础设施企业而言，它们不一定马上用得上某些数据，但它们可以先把这些数据储存下来，或许有一天某个公司会需要这些数据。

如果生产厂家发现其他公司提供的数据是个“宝藏”，自己就不需要花费大量精力去收集数据了，购买数据也是合理的做法。这样一来，数据交易市场会得到发展，而与此同时，存储数据的数据银行、评估数据可信度的评级机构（核查机构）等服务业态也会陆续出现。

总之，产生这些变化的原因是传感器技术的进步、硬件处理能力的大幅提升、以深度学习为代表的算法的发展，正因为这三个方面得到了一定的发展，才有今天物联网、人工智能的蓬勃发展。

# “可视化 4.0”是什么

## 可视化 4.0 时代的三个模式

写到这里，让我们再次确认“可视化 4.0”到底是什么，其目标是什么。

根据每家企业的不同组织能力，可视化 4.0 大致可以分为以下三种模式。

（1）**专注硬件型**。正如笔者在半导体厂家的案例中介绍的，这类公司通过充分活用物联网，不断提高生产流程的效率，其最终目标是“实时动态的完全自动化”。由于获取了以往未能获取的数据，人工智能的学习能力不断提高，它会不断发现以往未能觉察到的需要改善的地方。这类厂家在无人工厂生产出具有成本优势的产品，然后在其所在的硬件领域开始争取世界第一的地位。

（2）**服务模式型**。在物联网还没受到关注的可视化 3.0 时代，企业通过服务与用户保持着联系，但这时企业还没有做到系统化运作，它们更多的是派人到用户那里常驻或经常往返于客户和企业之间，以此来获取信息。

到了可视化 4.0 阶段，企业与用户之间的沟通并入了系统集成，企业不仅能够与用户实时交换信息，其应对方式也在一定程度上实现了自动化。这时企业不再安排销售或维修部门常驻用户那里，而是通过 24 小时运行的网络与用户相连，以应对各种情况。可视化 3.0 的服务模式化和可视化 4.0 的实时动态可视化的根本性差异在这里。

（3）**平台型**。正如小松制作所的典型案例揭示的那样，如果能在 GAFA 这种大型 IT 平台运营商出手之前，通过开放式创新战略确保本公司在细分领域的市场的话，企业将获得竞争优势。尽管并非所有厂家都能做到这一点，但有机会、有实力的企业值得为此拼搏。而且，正如前文介绍的，在白色家电领域或住宅设备领域，有实力的厂家完全有机会成为“家庭内部数据的平台运营商”。

## “可视化 4.0”是“24 小时诊所”

我们以医疗领域的例子来说明可视化 3.0 和可视化 4.0 的区别。在医疗领域，可视化 3.0 常见的情形类似于患者定期找医生看病，诊断结果出来后，医生和患者说：“考虑到您有这些症状，所以给您开 ×× 药。”然而，人们一忙起来就容易忽略健康问题，因此，有必要尽快安排看病时间，从看病到取药需要一系列周密的安排。

到了可视化 4.0 阶段，医学发展已经可以在人体内植入芯片，24 小时监测体温、血压等数据，一旦发现异常情况，会响起警报声。如果只是对既往病史的诊断，则能够实现半自动诊断，开处方之前的所有流程都能够实现自动化。只有在需要医生判断的时候才给医生发送必要的数据，患者与医生线上沟通。

总之，可视化 4.0 阶段会有很多“24 小时不间断监控”“实时信息共享”“自动诊断、自动预警”等关键词出现。在应对各种问题而采取的行动方面，一部分日常化的工作将实现无人化、自动化。这就是可视化 4.0 的世界。

## “开放”公司

### 当作别的公司任其自由发挥

处于可视化 4.0 阶段的公司会是什么样子呢（见图 4-8）？

在这个阶段，一家公司所有的工厂将通过互联网相连，供货的配件厂家和作为用户的成品厂家都通过互联网相连，实现了实时动态可视化。在已有供应链的各家企业，直接进行有关数据的联动，并且加强其关系，同时，同一层级的企业间接共享信息，提高大数据分析的精确度。在这一系列联结当中，如何确立本公司的定位是一大课题。

打破企业间壁垒的集团价值链的自律型合作也要予以考虑

A组合：X公司

…

自动对接（协调）

供应商

本公司

客户

000

3工厂

2工厂

1工厂

成品厂家

终端客户

紧密的供应链管理（有直接的数据合作）

C组合：Y公司

…

松散的供应链管理（有间接的数据合作）

如何在激烈的竞争中确立本公司的定位

图 4-8　可视化 4.0 阶段——近未来的理想状态

为了让公司内部与外部“相连”，有必要在一定程度上“开放”公司。“开放”公司换句话说就是打破各种壁垒。在传统的日本企业里，很多部门之间存在壁垒。为了让公司内部更好地协作，有必要打破部门间无形的壁垒。为了使公司与供应商、用户相连，有必要打破横亘在公司外的坚固壁垒。

然而，公司领导突然下指示说要“开放门户”“打破无形的壁垒”，也不可能马上得到明显的结果。因为部门间协调利益关系的过程中，会发生一番激烈的博弈。控制住生产一线的抵触情绪，突破员工对即将迎来的变化的心理防线，重新审视公司的组织架构。这个过程不会一蹴而就，特别是在打破本公司与拥有不同企业文化的其他公司之间的无形的壁垒时，如果试图强行融合两家公司的文化，往往会失败。正如丰田研究院这种离岛式合作，或者像企业风险投资那样只负责出资，允许保留不同公司的独立性，任其自由发挥的模式，反倒有利于这些公司今后共享发展成果。

古老而大型的日本公司跟初创公司站在同一起跑线上，无所顾忌地试错是不太现实的。这种工作完全可以通过另行成立公司，以该公司为主进行试错来实现，就是公司考虑制定开放 / 封闭策略时的首要步骤。

随着公司规模的扩大，从社会信誉、公司声誉等角度考虑，试错成本逐步提高是不可避免的。但毫无疑问，奋不顾身地投入某个领域，失败之后及时调整发展方向，这种做法更适合行动力强的初创公司。

按照日本制造业的传统，在底层技术研发的基础上，分析其技术是否对社会有贡献，之后经过设计、试生产、量产试验，最终通过量产推出产品，这是常见的流程。由于日本公司大多是按照这个顺序推进的，因此一旦中途发生问题，整体进度会受到影响，失败的成本也会相应提高。可见，古老而大型的日本企业从双重层面上造就了不允许失败的“体质”。

## 能否区分应该保留的业务和应该改变的业务

在可视化 4.0 阶段，为了实时把握问题，短期内不断重复试错、螺旋上升是企业的主要做法。这种做法与互联网的亲和度比较高，也是日本企业不太擅长的领域。

同样是制造业，中国企业的做法是对标其他公司，先着手安排生产，中国企业具有这种压倒性的速度。由于它们在试错的次数和速度方面跟日本企业完全不一样，因此，每一次试错的成本并不高。应该说，它们一开始就认定有可能失败，但它们依然加速制造，这种想法和做法其实相对简单易懂。

中国企业的案例表明，通过反复试错，高速运行 PDCA 循环的做法并非互联网企业的专利。在物联网连接一切的可视化 4.0 阶段，传统的硬件厂家也能在短时间内享受到最佳成果。

而在另一方面，正如小松制作所从超一流商品供应商转型成为超一流服务、超一流解决方案供应商，硬件本身的价值在不断降低。由于产品只是与用户长期保持联系的工具，因此，比产品价格更重要的是基于产品生命周期的价值倒推出来的战略。

基于这些情况来看，我们有可能迎来不买电视机，而是由奈飞、亚马逊的 Prime Video、谷歌的 Chromecast 等定制服务（定额收费）模式的视频供应商免费提供电视机的时代。

从用户角度看一次性买卖模式到服务模式的变化，其实就是所有的东西从拥有模式转变为借用模式。而且，这个潮流势不可当。

那么在可视化 4.0 阶段，日本企业如何取胜？为了解答这个问题，日本企业恐怕要认真考虑其“能否严格区分公司应该保留的业务和应该改变的业务”。

以往日本企业持续培养的日式传统的部分可以通过持续改善方法，不断进行研究，以提高竞争力，这部分是不能改变的。而对于本公司的定位（专注硬件、服务模式化、平台运营商等）是什么，公开数据和封闭数据的界限在哪里，如何让公司更加开放，等等课题，并不是持续改善方法就能找到答案，相反，应该以改革的精神去推翻以往的做法，做出大的改变。遗憾的是，对于很多日本企业来说，单靠改善方法修修补补的话，今后很难存续。

总之，推进企业改革需要自上而下，需要经营管理层具有强大的意志。有了强大的意志，人类才能在参与经营、创造附加价值方面超过人工智能，这一点毫无疑问。

可视化
4.0
结　语

# 重振日本制造业

## 日本制造的生产效率曾经很高

2017年，日本制造业的就业人数大约有1 000万，约占全产业就业人数（6 500万）的16%。制造业就业人数在1992年曾到达顶峰（约1 600万），当时约占全产业就业人数（6 400万）的25%，由此可见，日本制造业就业人数逐步减少是毋庸置疑的[①]。

然而，这个结果也可以看作日本企业为了提高国际竞争力推进优化、自动化的结果，这本身没有任何问题。问题在于人口减少导致的劳动力不足，如何以有限的劳动力数量尽

① 资料来源：总务省《劳动力调查》。——译者注

可能提高生产效率是日本制造业面对的一大课题。

回顾历史，日本的制造业一直承受着外部压力。例如，20 世纪 70 年代，日本企业经历了双重打击：石油危机导致的物价飞涨、尼克松危机（停止金本位，改为变动汇率制度）导致日元急速升值，使加工贸易处在了立国之本之下，“二战”后为日本经济带来高速增长的出口制造业迎来一股强烈的“逆风”。而日本企业后来通过彻底的优化、节能对策走出了长期的经济低迷局面，将依然处于经济不景气和滞胀双重影响中的美国企业甩在身后，20 世纪 80 年代后期的泡沫经济时代，日本制造业一度处于世界领先的地位。

而挽救了当时日本企业的正是制造业的优化。自那以后，日本企业一直致力于工厂机械化和生产流程的改善，因此“提高生产效率”本身对日本企业没有什么新意。仅就制造业一线来说，“提高生产效率”可谓日本企业的看家本领。

## “现实 × 严肃”的领域里，速度是关键

经历了经济萧条中“失去的 20 年”的日本企业，在近 5 年内把公司身上的很多“脓”挤得差不多了。今后，日本企业飞速发展所需的是对企业本身优势的认真总结，从“生产什么、卖给谁”的商业模式转型升级到“如何制造、在哪里获得盈利”的新型商业模式。读完本书的各位读者应该知道“如何制造”的答案在于聚焦工程链的上游部分，“在哪里获得盈利”的答案在于聚焦微笑曲线的两端。

相比于互联网时代重视“虚拟空间 x 休闲”领域，在物联网时代，“战场”进一步扩大到“现实 x 严肃”领域。这个“战场”里混杂着半导体厂家、网络设备厂家、IT 初创公司、与机器人相关的初创公司，再加上 GAFA 等 IT 平台运营商等规模、行业不同的各类企业，重复着合纵连横的故事。为此，在某些方面合作、在某些方面竞争这种错综复杂的关系，描绘着物联网时代光怪陆离的关系图。

这从另一方面说明，包括大型跨国公司在内的企业，都还没有完全构筑好盈利能力强的商业模式。因此才有大量参与者试图构筑独创的商业模式，研发标新立异的技术。

2017 年，笔者出席了世界经济论坛（达沃斯论坛）CEO 技术研讨会，与全球技术开发领域的顶级专家、技术领域初创公司 CEO 探讨了未来的发展趋势和课题。令我深感遗憾的是，日本市场的存在感比我预想的还要低。

首先，日本市场规模不够大，日本的 GDP 目前仅占全世界 GDP 的 6%。而且，即便有部分外国企业想进入日本市场，却对日本企业决策速度之慢困惑不已。要改变这种印象，积极推进与其他公司的联合，共同推进创新，都需要“开放”公司，提高决策速度。

在此基础上，日本企业应该认真且快速地决定本公司的定位、哪些业务可以外包、哪些业务应由本公司来推进、与谁联合、将谁视为竞争对手等。

做到这些的话，笔者深信日本企业一定能重振日本制造业，恢复盈利能力，不知道各位读者是否认同？

最后感谢一下在本书写作过程中参与认真激烈的讨论、

给予笔者很多启发和宝贵建议的，以合伙人富山和彦先生、村冈隆史先生为首的 IGPI 各位合伙人，同时也感谢负责本书出版工作的日本经济新闻出版社赤木裕介先生、负责统筹的田中幸宏先生。借此机会，向你们表达我们由衷的谢意。

版权声明

# 提升绩效，成就自我

## 《势不可挡》的破局者的行动清单

蝉联15年汽车销冠联合34位成功企业家和教练，教你成为破局者

作者：[美] 戴夫·安德森　译者：管然　ISBN：978-7-115-47992-1　定价：59.00元

- 早起，全天保持你的思维模式，睡前回顾、整理思绪。
- 坚持写感恩日记。
- 回顾你的愿景和其他目标。
- 聆听或观看励志的音像资料。
- 写下积极断言来更新你的思维。
- 冥想或听正能量音乐。
- 回顾每天的“必完成事项”。

## 这样做，你才能《工作不焦虑》

英国皇家心理学家30年研究成果，全球Top5领导力机构CCL推荐阅读

作者：[英] 德里克·罗杰 [新西兰] 尼克·皮特里　译者：武汝廉　ISBN：978-7-115-48050-7　定价：49.00元

| | |
|---|---|
| STEP1 | 唤醒：联结你的感官 |
| STEP2 | 专注：时刻关注当下 |
| STEP3 | 超然：客观看待事物 |
| STEP4 | 释放：放下负面情绪 |

## 学会这几招，就能实现《你的品牌，价值千万》

个人品牌专家20多年经验总结，姬十三、秋叶、杨旭、赵周、乔健联合推荐

作者：温迪　ISBN：978-7-115-48546-5　定价：49.00元

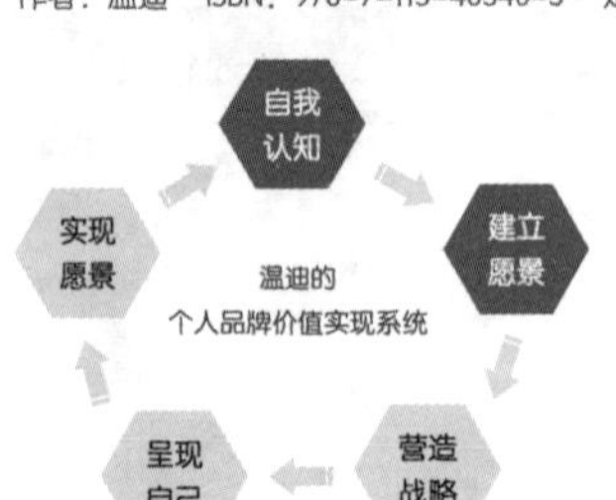